Leben in neuen Dimensionen

Merlin Carothers

PrismaPoint

Originaltitel: Power in Praise

1. Auflage 1994

(Erschienen in früheren Auflagen bei Verlag Johannes Fix, Schorndorf)

ISBN 3-907567-00-5
Best. Nr. 652700

Übersetzung aus dem Amerikanischen: Brigitte Mayer
Umschlaggestaltung: bix-grafik, CH-8872 Weesen
Gesamtherstellung: Jordi AG, CH-3123 Belp

Printed in Switzerland

Weitere Titel von Merlin Carothers:

- **Ich suchte stets das Abenteuer**
  Die Lebensgeschichte von Merlin Carothers
  ISBN 3-87228-052-X 96 Seiten
- **Saget Dank allezeit**
  Leser schildern ihre Erfahrungen
  ISBN 3-87228-057-X 160 Seiten
- **Lobpreis schafft Veränderungen**
  Fortsetzung von «Saget Dank allezeit»
  ISBN 3-87228-058-9 160 Seiten
- **Frei, um Gott zu loben**
  Wie kommt es zu «echtem Lobpreis»? Hindernisse! Praktische Anleitung auf dem Weg zu einem erfüllten Leben
  ISBN 3-87228-073-2 140 Seiten
- **Der neue Auftrag**
  Der Autor stellt sich einem neuen Auftrag Gottes
  ISBN 3-87228-084-8 120 Seiten
- **Gott hat Wege in der Wüste**
  Wie verhält sich der Autor selbst, wenn er in Situationen gerät, die einem beim Lesen fast den Atem rauben
  ISBN 3-87228-089-9 160 Seiten
- **Erneuert euer Denken**
  Offen und ehrlich werden die Probleme behandelt, die Männern und Frauen zum Verhängnis werden können ... im Bereich ihrer geheimsten Wünsche
  ISBN 87228-133-X 130 Seiten

Diese Bücher erhalten Sie in Ihrer Buchhandlung oder bei:

Dynamis Verlag
Brückenstr. 22, Postfach 256, CH-8280 Kreuzlingen
Tel. 072 / 72 77 81 – Fax 072 / 72 77 84

Asaph Buch- und Musikvertrieb GmbH
Am Drostenstück 27, D-58507 Lüdenscheid
Tel. 02351 / 63 41 52 – Fax 02351 / 63 41 54

Christl. Buchhandlung Lindenthaler
Burgenlandstr. 20/3, A-6020 Innsbruck
Tel. und Fax 0512 / 44 195

Inhaltsverzeichnis

Anmerkung: Sämtliche Bibelzitate sind — falls nicht anders angegeben — der Luther-Übersetzung (Altes Testament) und der Guten Nachricht (Neues Testament) entnommen.

„Wenn dir jemand den kürzesten Weg zu allem Glück und zu aller Vollkommenheit sagen könnte, dann müßte er dich bitten, daß du dich an folgende Lebensregel hältst: Danke und preise Gott für alles, was dir begegnet. Denn es ist gewiß, daß jede Trübsal, die dir widerfährt — wenn du Gott dafür dankst und ihn lobst — in Segen verwandelt wird . . .“

William Law, englischer Geistlicher des 18. Jahrhunderts

„Ich danke Gott für meine körperlichen Behinderungen, denn durch sie habe ich zu mir selbst, zu meiner Lebensaufgabe und zu meinem Gott gefunden.“

Helen Keller

„Selig ist der, der sich in den Willen Gottes fügt; er kann nie unglücklich sein. Die Menschen mögen mit ihm verfahren, wie sie wollen . . . Er ist immer sorglos. Er weiß, ‚daß denen, die Gott lieben, alle Dinge zum Besten dienen, denen, die nach dem Vorsatz berufen sind‘.“

Martin Luther

„Rufe zu Gott um Gnade, damit du in jeder Anfechtung Gottes Hand sehen kannst, und dann um Gnade . . . damit du dich sofort darunter stellen kannst. Aber nicht nur das, sondern daß du damit einverstanden sein und dich darin freuen kannst . . . Ich meine, es bedeutet im allgemeinen das Ende der Schwierigkeiten, wenn wir an diesem Punkt angelangt sind.“

Charles H. Spurgeon

I
Kraft im Lob Gottes

Jims Vater war seit dreißig Jahren Alkoholiker. Während dieser Zeit hatten Jims Mutter und später auch Jim selbst und seine junge Frau darum gebetet, daß Gott den Vater heilen möge — jedoch ohne sichtbaren Erfolg. Jims Vater gab nicht zu, daß er alkoholsüchtig war, und wurde zornig, wenn jemand es wagte, mit ihm über den Glauben zu reden.

Eines Tages hörte Jim mich darüber sprechen, daß in unserem Leben eine Kraft frei wird, wenn wir Gott für alles danken, anstatt ihn um Änderung der unliebsamen Verhältnisse anzuflehen.

Jim brachte von dieser Versammlung ein Tonband mit nach Hause und ließ es seinen Freunden und Bekannten immer und immer wieder vorspielen. Eines Tages wurde er innerlich davon gepackt; er hatte noch nie versucht, Gott für den Zustand seines Vaters zu danken. Voller Freude teilte er seiner Frau mit, was ihm neu aufgegangen war.

„Liebling, wir wollen Gott danken, daß Vater Alkoholiker ist, und wollen ihn preisen, daß dieser Zustand Teil seines wunderbaren Planes für Vaters Leben ist."

Den ganzen Tag über dankten und lobten sie Gott für die Situation, wie sie war, und als es Abend wurde, waren sie von einer bisher unbekannten Erwartungsfreude erfüllt.

Am nächsten Tag — einem Sonntag — kamen die Eltern wie üblich zum Mittagessen auf Besuch. Bisher hatte Jims Vater den Besuch immer so kurz wie möglich gehalten und war gleich nach dem Essen wieder aufgebrochen. Diesmal blieb er noch zu einer gemütlichen Tasse Kaffee und stellte dann plötzlich die gezielte Frage an Jim: „Was hältst du eigentlich von dieser Jesus-Revolution?" Dann fuhr er fort: „Ich sah gestern abend etwas darüber in den Nachrichten. Ist das nur eine Modeerscheinung, oder erleben diese jungen Leute, die an Drogen gebunden sind, tatsächlich etwas?"

Diese Frage führte zu einer langen, ausführlichen Diskussion über den christlichen Glauben, und die Eltern blieben diesmal bis spät am Abend.

In wenigen Wochen war Jims Vater so weit, daß er seine Trunksucht zugab, bei Jesus Christus Hilfe suchte und vollständig geheilt wurde. Jetzt erzählt er zusammen mit den übrigen Familienangehörigen, welche Kraft im Lob Gottes liegt.

„Stellen Sie sich vor", sagte Jim zu mir. „Seit dreißig Jahren haben wir gebetet, Gott möge aus Vater einen neuen Menschen machen. Nun haben wir nur einen einzigen Tag lang Gott gelobt für diese Situation, und schon ist das Wunder geschehen."

Die Ausdrücke „Preis dem Herrn!" und „Gott sei Dank!" werden oft so gedankenlos dahingesagt, daß uns ihre eigentliche Bedeutung manchmal gar nicht mehr bewußt ist.

Nach dem Duden-Wörterbuch bedeutet das Wort „loben": „für lieb halten, lieb nennen, gutheißen" und das Wort „Preis": „Ruhm, Herrlichkeit, Lob, Anerkennung". Wenn wir also eine Sache loben oder preisen, dann heißen wir sie gut und bringen damit unsere Anerkennung zum Ausdruck. Dies bedeutet, daß wir das, was wir loben und preisen, akzeptieren und damit einverstanden sind. Wenn wir also Gott *für* eine schwierige Situation, für Krankheit oder Unglück loben, dann bedeutet das — genau genommen —, daß wir unsere Verhältnisse als Teil von Gottes Plan für unser Leben akzeptieren und damit einverstanden sind.

Es geht eigentlich gar nicht, daß wir Gott für etwas loben, für das wir im Grunde nicht auch dankbar sind. Und genausowenig können wir für etwas von Herzen dankbar sein, worüber wir uns nicht auch gleichzeitig freuen. Eng verbunden mit Loben und Preisen sind deshalb auch Freude und Dankbarkeit.

Schon die bloße Tatsache, daß wir *Gott* und nicht irgendein unbekanntes Schicksal preisen, beweist ja, daß wir Gott als den für alle Ereignisse Verantwortlichen annehmen. Sonst hätte es wenig Sinn, daß wir *ihm* dafür dankten.

„Seid immer fröhlich. Laßt im Beten nicht nach. Dankt in jeder Lebenslage. Das will Gott von denen, die mit Jesus Christus verbunden sind" (1. Thessalonicher 5, 16—18).

Ich habe viele Menschen kennengelernt, die Gott für ihre Verhältnisse loben können, einfach deshalb, weil sie das Wort der Bibel akzeptieren, daß wir Gott in allen Dingen danken sollen. Indem sie ihn loben, kommen sie bald in eine innere Stellung ständiger Dankbarkeit und Freude hinein, ihr Glaube wird gestärkt, und nun behalten sie diese Lebensweise bei.

Andere finden es ein wenig schwieriger. „Ich verstehe es einfach nicht", sagen sie, „ich versuche zwar, Gott zu loben, aber es fällt mir so schwer zu glauben, daß er wirklich seine Hand in all dem Schrecklichen hat, das ich in letzter Zeit durchmachen muß."

Wir sagen, wir verstehen es nicht, und manche bleiben bereits hier stecken; unser Verständnis wird uns zum Stein des Anstoßes in unserem Verhältnis zu Gott. Aber Gott hat auch einen vollkommenen Plan für unser Verständnis, und wenn wir es nach seinem Willen gebrauchen, dann ist es kein Stein des Anstoßes mehr, sondern ein wunderbares Hilfsmittel für unseren Glauben.

„Denn Gott ist König der ganzen Erde; singet Psalmen mit *Einsicht*" (Psalm 47, 7 — Elberfelder Übers.) oder wie es in der englischen Bibel heißt: „Mit *Verständnis*".

Gott will nicht, daß wir unser Verständnis beiseite schieben und zähneknirschend sagen: „Es ist mir ganz und gar unverständlich, aber ich lobe den Herrn, und wenn es mich umbringt, wenn das die einzige Möglichkeit ist, um aus diesem Schlamassel herauszukommen."

Das wäre kein Lob, sondern Manipulation. Wir alle haben schon versucht, Gott zu manipulieren, aber zum Glück hat er uns so lieb, daß er uns das nicht durchgehen läßt. Wir sollen Gott loben *mit* unserem Verständnis, nicht trotz desselben.

Unser Verständnis macht uns zu schaffen, wenn wir versuchen zu begreifen, *warum* und *wieso* Gott gewisse Umstände in unserem Leben zuläßt. Wir werden nie verstehen, *warum* und *wieso* Gott etwas tut, sondern wir sollen es mit unserem Verständnis akzeptieren, *daß* er es tut. Dies ist die Grundlage für unseren Lobpreis. Gott will uns verstehen lehren, *daß* er uns liebt und *daß* er einen Plan für uns hat.

„Wir wissen: Wenn einer Gott liebt, muß alles dazu beitragen, daß er das Ziel erreicht, zu dem Gott ihn nach seinem Plan berufen hat" (Römer 8, 28).

Stehst du gerade jetzt in einer schwierigen Lebenslage? Hast du verzweifelt versucht zu verstehen, warum es gerade dir so ergeht? Dann versuche mit deinem Verständnis zu akzeptieren, daß Gott dich liebt und diese Umstände zugelassen hat, weil er weiß, daß sie gut für dich sind. Lobe ihn für das, was er in dein Leben gebracht hat; tue es bewußt und mit deinem Verständnis.

Ein Ehepaar hörte mich darüber sprechen, daß wir Gott für alles dankbar sein sollen, und ging dann innerlich völlig aufgewühlt nach Hause. Seit Monaten grämten sie sich wegen ihrer Tochter, die in eine Nervenheilanstalt eingewiesen und für hoffnungslos geisteskrank erklärt worden war.

Sie hatten sich an viele Gebetskreise im Lande um Fürbitte gewandt, und täglich schrien die Eltern auf den Knien zu Gott, er möge ihre Tochter doch heilen. Aber ihr Zustand blieb unverändert.

Auf die Aufforderung, Gott *für* den Zustand ihrer Tochter zu danken, reagierten sie zunächst mit Erregung und Traurigkeit.

„Es wäre ja eine Gotteslästerung", sagte die Frau, „wenn wir ihm für so etwas offensichtlich Teuflisches danken würden. Wenn wir ihm dafür dankten, würde das doch bedeuten, daß wir ihn beschuldigten, unsere Tochter vorsätzlich zu quälen. Dies paßt einfach nicht in meine Vorstellung von einem liebenden Gott."

„Uns *erscheint* es zwar nicht recht", gab der Mann zu, „aber vielleicht stimmt das, was der Prediger sagt."

Die Frau sah ihren Mann hilflos an.

„Ich weiß es wirklich nicht", sagte sie.

„Wir haben doch eigentlich nichts zu verlieren, oder?" Der Mann sagte es nachdenklich. „Sollen wir es nicht einfach einmal probieren?"

Sie knieten beide hin.

„Lieber Gott", fing der Mann an, „wir wissen, daß du uns liebst und daß du unsere Tochter viel mehr liebst als wir. Wir werden dir jetzt vertrauen, daß du in ihrem Leben alles zum Besten wenden wirst, und danken dir deshalb für ihre Krankheit. Wir danken dir, daß sie im Krankenhaus ist, wir danken dir auch für die Ärzte, die ihr nicht mehr helfen können. Wir loben dich, Gott, für deine Weisheit und Liebe zu uns . . ."

Je länger sie an jenem Tag beteten, desto überzeugter wurden sie, daß Gott tatsächlich nur das Beste wollte.

Am nächsten Morgen rief der Psychiater vom Krankenhaus an.

„Der Zustand Ihrer Tochter hat sich merklich gebessert", sagte er. „Ich möchte Sie bitten, Ihre Tochter einmal zu besuchen."

Innerhalb von zwei Wochen wurde sie aus dem Krankenhaus entlassen.

Ein Jahr später, nach einem Gottesdienst, kam ein junger Mann auf mich zu. Er stellte sich als Bruder dieses Mädchens vor und erzählte mir, daß seine Schwester inzwischen geheiratet habe, nun ein Kind erwarte und das glücklichste Mädchen auf der ganzen Welt sei.

Einmal kam eine Mutter zu mir, deren Tochter Tänzerin in einem Nachtlokal war. Ich sagte ihr, daß ich gerne mit ihr beten und Gott für den Beruf ihrer Tochter danken wolle. Erschrocken sah sie mich an.

„Sie wollen mir doch nicht etwa sagen, ich solle Gott dafür danken, daß meine Tochter so verkommen ist und sich über den christlichen Glauben nur lustig macht. Ja, dem Teufel kann ich danken für ihr Elend, nicht einem liebenden Gott."

Diese Mutter stand nun vor einer schwierigen Entscheidung. Ihr ganzes Leben lang war sie dazu angehalten worden, Gott für alles Gute zu danken und dem Teufel für alles Schlechte die Schuld zu geben. Gemeinsam suchten wir in meiner Bibel nach Versen, die zum Ausdruck bringen, daß Gott alles zum Besten dienen läßt denen, die ihn lieben und ihm vertrauen, und daß wir in allen Dingen dankbar sein sollen, egal, wie schlimm unsere Lage auch aussehen mag.

„Sie können nun weiterhin die Ansicht behalten, der Zustand Ihrer Tochter stehe unter der Kontrolle des Teufels, und durch Ihren Mangel an Glauben verhindern, daß Gott durch seine große Kraft seinen vollkommenen Plan im Leben Ihrer Tochter hinausführt; oder aber Sie können glauben, daß Gott seine Hand im Spiel hat, ihm für alles danken und dadurch seiner Kraft freien Lauf lassen, so daß sie im Leben ihrer Tochter zur Auswirkung kommen kann."

Schließlich erklärte sich die Mutter mit einem Versuch einverstanden.

„Ich verstehe nicht, warum dies alles sein muß", sagte sie, „aber ich werde nun glauben, daß Gott weiß, was er tut, und ich werde ihm dafür danken."

Wir beteten zusammen, und die Mutter kam nun über dieser ganzen Sache innerlich zur Ruhe.

„Zum ersten Mal mache ich mir wegen meiner Tochter keine Sorgen mehr", sagte sie strahlend.

Später erzählte sie mir dann, was sich anschließend zugetragen hatte.

Als ihre Tochter am selben Abend nahezu unbekleidet auf ihrem kleinen Podest in der Bar tanzte, kam ein junger Mann herein. Er ging auf das Mädchen zu, schaute ihr in die Augen und sagte: „Jesus liebt Sie."

Die Tänzerin hatte schon alle möglichen Bemerkungen von jungen Männern gehört, aber noch nie eine solche. Sie kam von ihrem Podest herunter, setzte sich zu dem jungen Mann und fragte ihn: „Warum haben Sie das zu mir gesagt?"

Er erklärte ihr, daß er zufällig diese Straße entlanggegangen sei, als es ihn plötzlich innerlich gedrängt habe, in dieses Nachtlokal einzutreten und der Tänzerin zu sagen, daß Jesus Christus ihr die freie Gabe des ewigen Lebens anbiete.

Verblüfft starrte ihn das Mädchen an. Tränen traten ihr in die Augen, als sie leise sagte: „Ich möchte diese Gabe empfangen."

Und das tat sie auch, gerade dort an dem Tisch in der Bar.

Gott zu loben ist keine Patentlösung, kein Allheilmittel, keine Zauberformel zum Erfolg. Aber es ist eine Lebensweise, die sich mit Gottes Wort vollkommen deckt. Wir loben Gott nicht für erwartete Resultate, sondern für unsere Situation gerade so, wie sie ist.

Solange wir beim Loben und Preisen mit einem Auge nach den erwarteten Resultaten schielen, halten wir uns selbst zum Narren, und wir können sicher sein, daß nichts geschehen wird, was uns oder unsere Lage verändert.

Das echte Lob Gottes hat als Grundlage die völlige und freudige Anerkennung der gegenwärtigen Umstände als Teil des liebevollen, vollkommenen Willens Gottes für uns. Grundlage für das Lob Gottes ist also nicht, was wir für die Zukunft wünschen und erhoffen. Dies ist ein absolutes „Gesetz", das für die Erfüllung dieser Forderung Gottes unabdingbar gilt.

Wir loben Gott nicht für das, was wir in der Zukunft erwarten, sondern wir loben ihn für das, was er ist, und dort, wo und so wie wir *gerade jetzt* sind.

Es ist natürlich eine Tatsache, daß — wenn wir Gott mit aufrichtigem Herzen loben und preisen — als Resultat auch etwas geschieht. Seine Kraft fließt sichtbar in unsere Situation hinein, und früher oder später werden wir in uns oder um uns herum eine Veränderung wahrnehmen. Diese Veränderung kann so aussehen, daß wir inmitten der uns früher so jämmerlich erscheinenden Umstände echte Freude und Frieden erleben, oder aber daß die Situation selbst sich verändert. Doch diese Veränderungen sind dann das *Resultat* unserer Danksagung und dürfen nicht das Motiv für unseren Lobpreis sein.

Loben und Danken bedeutet auch nicht, daß wir mit Gott einen Handel abschließen und sagen: „Herr, ich lobe dich, damit du mich segnen kannst.“

Gott loben heißt, daß wir an ihm unsere Freude haben, wie es auch der Psalmist zum Ausdruck bringt: „Habe deine Lust am Herrn; er wird dir geben, was dein Herz wünscht“ (Psalm 37, 4).

Beachten wir hier die Reihenfolge. Wir stellen nicht eine Liste von den Wünschen unseres Herzens auf und haben dann unsere Lust am Herrn, damit wir sie von ihm bekommen; sondern wir freuen uns zunächst an ihm, und wenn wir es wirklich einmal erleben, wie es ist, wenn man seine Lust völlig am Herrn hat, dann entdecken wir, daß alles andere zweitrangig ist. Dennoch ist es auch wahr, daß Gott uns nicht alle unsere Herzenswünsche erfüllen will; aber auch das ist sein Wunsch und Plan für uns. Wenn wir es nur lernen würden, in allen Dingen unsere Lust am Herrn zu haben!

Ein christliches Ehepaar hatte zwei Söhne. Der eine Sohn war der Stolz und die Freude der Eltern und führte mit ihnen zusammen ein frohes christliches Familienleben.

Als ich dort einmal zum Essen eingeladen war, erzählten sie mir, daß ihr älterer Sohn als Rebell das Elternhaus verlassen habe. Er hatte die Prüfung an der Hochschule mit Auszeichnung bestanden, hatte dann aber den Eltern und der etablierten Gesellschaft den Rücken gekehrt. Nun zog er als Hippie durch die Lande, ohne ein festes Ziel im Leben zu haben.

Die unglücklichen Eltern fragten mich, ob ich ihnen einen Rat wüßte. Ich erklärte ihnen meine Überzeugung, daß Gott ihnen diesen Sohn gegeben habe und ihre Gebete um seine Errettung erhören werde.

„Wenn Sie mit aufrichtigem Herzen beten, dann dürfen Sie wissen, daß sein gegenwärtiges Leben genau das ist, was Gott als das Beste für ihn und für Sie bestimmt hat“, sagte ich.

„Ich verstehe“, sagte der Vater, „wir wollen ja nur das Beste für unseren Jungen. Sicher muß das Gottes Weg und Wille für uns alle sein.“

Während wir noch am Tisch saßen, faßten wir uns an den Händen und dankten Gott, daß er seinen Plan hinausführen würde, so wie er es für das Beste hielt. Danach fühlten sich die Eltern erleichtert und empfanden einen bisher nie verspürten Frieden.

Kurze Zeit später schrieb mir die Familie. Seit unserer ersten Begegnung hatten die Eltern an ihrer Überzeugung festgehalten und Gott für das Leben ihres Sohnes gedankt, obwohl ihnen dies manchmal sehr schwer wurde. Eines Tages hatte der Sohn dann einen Unfall mit dem Fahrrad und zog sich eine schmerzhafte Fußverletzung zu.

Da er nun vorübergehend behindert war, entschloß er sich, eine Zeitlang nach Hause zu gehen. Er teilte seinen Eltern mit, daß er hin und her im Lande unbezahlte Rechnungen hinterlassen habe. Die Eltern beteten darüber und gelangten zu der Überzeugung, daß — wenn tatsächlich alle Dinge im Leben ihres Sohnes von Gott gewirkt waren — er auch diese Rechnungen zugelassen hatte. Sie dankten ihm deshalb für jede dieser Rechnungen und bezahlten die ganze Schuld.

Der Sohn war überrascht. Er hatte erwartet, daß man ihn ordentlich ins Verhör nehmen und ihm sagen werde, er solle seine Schulden selbst begleichen. Statt dessen waren seine Eltern so gelassen und liebenswürdig und schienen sich an seiner ausgefallenen Kleidung und Haartracht kein bißchen zu stoßen.

Eines Abends kamen einige junge Christen, um den jüngeren Sohn zu besuchen. Der ältere Bruder war über die Eindringlinge offensichtlich verärgert, doch wegen seinem schmerzenden Fuß konnte er das Haus nicht verlassen. Voll Begeisterung erzählten die jungen Christen, was Jesus Christus getan und in ihrem Leben gewirkt habe. Zunächst reagierte der ältere Bruder mit beißender Kritik auf das, was er als naive und unrealistische Einstellung zum Leben bezeichnete, doch bald hörte er aufmerksam zu und stellte dann auch tiefgehende Fragen. Noch an diesem Abend übergab er sein Leben Jesus Christus.

Seine Eltern schrieben mir voll Freude, daß im Leben ihres älteren Sohnes bald danach eine drastische Veränderung vor sich gegangen sei. Er entschloß sich für die Nachfolge Jesu und diente ihm nun von ganzem Herzen. Eifrig studierte er jetzt die Bibel, und innerhalb weniger Tage empfing er die Taufe im Heiligen Geist — jenes Erlebnis, das die Nachfolger Jesu am ersten Pfingsttag nach Christi Tod und Auferstehung auch machten. Kurze Zeit danach lernte er ein christliches Mädchen kennen, mit dem er sich zwei Wochen später verlobte.

Monatelanges ängstliches, sorgenvolles Beten hatte in diesem jungen Mann keine Veränderung bewirkt. Erst als sich die Eltern zu Gott wandten und den gegenwärtigen Zustand im Leben ihres Sohnes freudig bejahten, ging die Türe zu Gottes vollkommenem Plan für sie alle auf.

Gott hat in der Tat einen vollkommenen Plan für dein und für mein Leben. Wenn wir die Umstände um uns herum anschauen, kommt es uns vielleicht vor, als stünden wir schon eine Ewigkeit immer am gleichen qualvollen Platz. Je mehr wir beten und zu Gott um Hilfe schreien, desto höher scheinen die Schwierigkeiten sich aufzutürmen. Der Wendepunkt tritt erst dann ein, wenn wir anfangen, Gott *für* unsere Schwierigkeiten zu danken, und ihn nicht mehr anflehen, uns die Schwierigkeiten wegzunehmen.

Eine junge Frau schrieb mir, daß sie am Ende sei. Gewisse peinliche Umstände in ihrem Leben hatten dazu geführt, daß sie die Achtung vor sich selbst verlor und anfing, ihr Äußeres zu vernachlässigen.

„Ich nahm meine Zuflucht zum übermäßigen Essen“, schrieb sie, „und bald war ich so dick und häßlich, daß mein Mann nach anderen Frauen sah. Eines Tages zog er dann aus und beantragte die Scheidung.“

Rechnungen flatterten haufenweise ins Haus, und ihre Nerven waren derart strapaziert, daß sie sich immer häufiger mit Selbstmordgedanken befaßte.

„Die ganze Zeit über betete ich ständig“, schrieb sie. „Ich las die Bibel, ging in die Kirche, sooft ein Gottesdienst stattfand, und bat alle meine Bekannten um Fürbitte. Meine gläubigen Bekannten sagten mir ständig, ich solle nur Glauben halten und mich nicht unterkriegen lassen, morgen sehe alles wieder anders aus. Aber in Wirklichkeit wurde alles ständig schlimmer. Bis mir dann eines Tages jemand das Buch „Ich suchte stets das Abenteuer“ gab. Ich las es, aber zunächst konnte ich nicht glauben, daß Sie das ernst meinen. Niemand mit gesundem Menschenverstand konnte im Ernst erwarten, daß ich für alle Dinge dankbar wäre, die sich damals in meinem Leben abspielten. Doch je länger ich las, desto mehr mußte ich weinen. Allmählich dämmerte es mir, daß das, was Sie sagten, die Wahrheit ist. Diese Schriftstellen über das Dankbarsein in allen Dingen hatte ich in meiner Bibel schon unzählige Male gelesen und noch nie richtig verstanden, was sie bedeuten.“

Nun entschloß sie sich, künftig Gott für alles zu danken. Was konnte sie auch schon verlieren? Sie hatte so rasch an Gewicht zugenommen, daß durch die große Belastung ihr Herz jeden Moment hätte versagen können. Mit einem ganz schwachen Hoffnungsschimmer kniete sie sich in ihrem Wohnzimmer nieder zum Gebet.

„Gott, ich danke dir, daß mein Leben gerade so ist, wie es ist. Jedes Problem, das ich habe, ist eine Gabe von dir, damit ich an den Platz kommen konnte, an dem ich gerade jetzt stehe. Du hättest keines dieser Dinge zugelassen, wenn du nicht gewußt hättest, daß es das Beste für mich wäre. Gott, du hast mich wirklich lieb. Mir ist es ernst damit, *ich weiß,* du hast mich lieb . . .“

In diesem Augenblick wurde sie durch das Bellen des Hundes unterbrochen. Der Briefträger stand vor der Tür. Jeden Tag begrüßte der Hund alle Leute, die ins Haus kamen, mit lautem Gebell. Das war auch so eine Kleinigkeit, über die sie sich stets ärgerte und die ihr das Leben bis zur Unerträglichkeit versauerte. Als sie aufstand und zur Türe ging, um den Hund im üblichen scharfen Ton zurechtzuweisen, fiel ihr plötzlich ein: *Ich soll doch für alles dankbar sein.* „Gut, Herr, ich danke dir für meinen bellenden Hund!“

Der Briefträger brachte einen Brief. Wie gebannt blieb ihr Blick an der vertrauten Handschrift auf dem Umschlag haften. Das war doch nicht möglich! Seit Monaten hatte sie nichts mehr von ihrem Mann gehört. Gott konnte doch unmöglich *so* schnell geantwortet haben. Mit zitternder Hand öffnete sie den Brief und las: „Wenn du noch willst, gibt es vielleicht eine Möglichkeit, daß wir unsere Probleme gemeinsam lösen.“

Gott handelte im rechten Augenblick. Voll Freude konnte diese junge Frau nun glauben, daß Gott tatsächlich in ihrem Leben alles zum Besten hinausführte. Sie nahm nun rapide ab, und ihre Freundinnen fragten sie: „Was ist bloß mit dir los? Du siehst mit einem Mal so gut aus. Du bist ein ganz anderer Mensch geworden.“

Ein ganz anderer Mensch? Ja und nein. Physisch war sie noch die gleiche, aber innerlich lebte sie jetzt in einer neuen Dimension, in einer Dimension des Glaubens, und sie wußte, daß Gott jede kleine Begebenheit in ihrem Leben zum Besten hinausführte. Ihr Mann kehrte zu ihr zurück, und gemeinsam fingen sie ein neues Leben an. Dann schrieb sie mir: „Manchmal wache ich am Morgen auf und höre, wie ich mit Gott rede und ungefähr dieses sage: ‚O Gott, ich danke dir für diesen schönen Tag. Ich liebe dich.‘“

Der Wendepunkt in ihrem Leben kam, als sie anfing, ihre gegenwärtigen Verhältnisse mit Danksagung zu akzeptieren. Hier haben wir ein ausgezeichnetes Beispiel dafür, wie dieses geistliche Prinzip wirkt.

Gott hat einen vollkommenen Plan für unser Leben, doch kann er uns in diesem Plan nicht weiterführen, bevor wir unsere gegenwärtige Situation als Teil dieses Planes freudig angenommen haben. Was dann als nächstes geschieht, ist Gottes Werk, nicht das unsere.

Manche Menschen möchten diese Tatsache leugnen. Sie behaupten beharrlich, für die Verwandlung im Leben eines Menschen, der es gelernt habe, Gott für alles Dank zu sagen, gebe es eine ganz simple Erklärung.

„Eine geänderte Einstellung bringt veränderte Umstände mit sich", sagen sie. „Das ist psychologisch ganz einfach zu erklären. Wenn man aufhört zu klagen und anfängt zu lächeln, fühlt man sich anders; man wird dann anders behandelt, das ganze Leben macht eine drastische Veränderung zum Besseren hin."

Ich gebe zu, daß das Rezept: „Lächle, und die Welt wird dir zulächeln; weine, und du weinst allein" ein einigermaßen vernünftiger Ratschlag ist, aber nur bis zu einem gewissen Grad. Doch Gott loben und preisen ist noch etwas mehr als nur eine Änderung der persönlichen Einstellung.

Ich möchte aber besonders darauf hinweisen, daß in den Worten unseres Dankes als solchen, in unserer dankbaren, freudigen Einstellung selbst keine Kraft enthalten ist. Alle Kraft, die sich in unserer Situation offenbart, kommt von Gott. Wir müssen uns diese Tatsache immer und immer wieder vor Augen halten. Nur allzu leicht lassen wir uns zu der Vorstellung verführen, daß *wir* die Kraft besäßen, eine Situation zu manipulieren oder zu verändern, einfach dadurch, daß wir ein gewisses Gebet sprechen.

Wenn wir aufrichtigen Herzens eine Situation akzeptieren, Gott dafür danken und glauben, daß er diese Situation zugelassen hat, dann wird in diese Situation hinein eine übernatürliche, göttliche Macht freigegeben und werden Veränderungen bewirkt, die nicht mehr als Ablauf natürlicher Ereignisse erklärt werden können.

Während meiner Dienstzeit als Militärgeistlicher in Fort Benning (Georgia) brachte einmal ein junger Soldat seine Frau zu mir und bat mich, ihr zu helfen. Sie litt häufig unter den furchtbaren Nachwirkungen ihres früheren LSD-Mißbrauchs, und die Ärzte waren nicht in der Lage, ihr zur Heilung zu verhelfen. Furcht und Schmerz hatten tiefe Furchen in ihr hübsches Gesicht gegraben.

„Ich kann nicht schlafen", erzählte sie mir. „Wenn ich nur eine Minute lang die Augen schließe, sehe ich schreckliche Tiere auf mich zustürzen."

Ihr Mann erzählte mir, wenn seine Frau vor Erschöpfung endlich eingeschlafen sei, fange sie sofort an, heftig zu schreien.

„Ich versuche dann immer, sie wachzurütteln, aber es braucht manchmal bis zu zehn Minuten, bis sie endlich wach wird, und während dieser ganzen Zeit gibt sie solch qualvolle Schreie von sich, daß es auch mich an den Rand der Verzweiflung gebracht hat", sagte er.

Ich hörte mir ihre erschütternde Geschichte an und sagte dann: „Ich kann Ihnen nur einen einzigen Vorschlag machen. Knien Sie sich mit mir hin, damit wir gemeinsam Gott danken dafür, daß Ihre Frau so ist."

Beide starrten mich entgeistert an, so, als wäre mir das, was ich gesagt hatte, gar nicht ernst. Ausführlich erklärte ich ihnen, wie Gott mir gezeigt hatte, daß wir ihm für alles dankbar sein sollen.

„Alles, was bisher in Ihrem Leben geschehen ist, hat dazu gedient, Sie an diesen Punkt zu bringen", sagte ich. „Ich glaube, daß Gott Sie liebhat und etwas Wunderbares in Ihrem Leben tun wird. Jetzt möchte er, daß Sie ihm für alles danken, was Sie zu ihm geführt hat."

Ich blätterte meine Bibel durch und zeigte ihnen alle die Schriftstellen, die ich unterstrichen hatte.

Beide akzeptierten das Gehörte und knieten sich nieder, um Gott für alles in ihrem Leben zu danken, ganz besonders auch für die durch die frühere Drogensucht verursachten Anfälle. Ich konnte die Gegenwart Gottes im Raum verspüren.

„Der Heilige Geist zeigt mir, daß er Sie gerade jetzt heilen wird", sagte ich. Ich legte der jungen Frau die Hände auf und betete: „Ich danke dir, Herr, daß du diese Frau gerade jetzt heilst."

Sie öffnete die Augen und sah sich verwundert um.

„Es ist etwas mit mir geschehen. Als ich diesmal die Augen schloß, um zu beten, sah ich überhaupt nichts!"

„Jesus hat Sie geheilt", sagte ich. „Jetzt will er als Heiland in Ihr Leben treten. Nehmen Sie ihn an?" Die junge Frau und ihr Mann antworteten voll Verlangen mit: „Ja!" Auf den Knien baten sie Jesus, in ihr Leben zu treten. Dann verließen sie voll Freude mein Büro.

Die Heilung der jungen Frau war von Dauer. Nie mehr hatte sie irgendwelche Anfälle. Die Macht der Droge war durch die Kraft Gottes gebrochen worden.

Kapazitäten auf dem Gebiet der Medizin bekennen ihre Hilflosigkeit gegenüber Süchtigen, die jahrelang der Knechtschaft der Droge verfallen waren. Doch in den vergangenen Jahren hat man immer häufiger davon gehört, daß Rauschgiftsüchtige frei geworden sind, und zwar frei durch das übernatürliche Eingreifen Gottes in ihrem Leben.

Eine solche Veränderung kann unmöglich durch eine neue Einstellung oder entschiedeneres Aufbieten der Willenskraft herbeigeführt werden. Dies ist die Kraft Gottes, die im Leben eines Menschen zur Auswirkung kommt.

Jede Form aufrichtigen Gebets öffnet der Kraft Gottes die Tür, damit diese in unserem Leben zur Entfaltung kommt. Doch das Dankgebet läßt mehr als alle anderen Gebetsformen die Kraft Gottes zur Auswirkung kommen. Die Bibel enthält Beispiel über Beispiel, die diese Tatsache veranschaulichen.

„Du aber bist heilig, der du thronst über den Lobgesängen Israels", lesen wir in Psalm 22, 4. Kein Wunder, daß Gottes Kraft und Gegenwart so nahe sind, wenn wir ihn loben. In der Tat wohnt und thront er über unserem Lobpreis.

Ein beachtliches Beispiel dafür, wie Gott wirkt, wenn wir ihn loben, finden wir in 2. Chronik 20.

Josaphat, König von Juda, stellte eines Tages fest, daß sein kleines Königreich von mächtigen feindlichen Heeren — den Moabitern, den Ammonitern und den Meunitern — umgeben war.

Josaphat wußte, daß das kleine Juda in eigener Kraft keine Chance hatte, und er schrie zu Gott:

„In uns ist keine Kraft gegen dies große Heer, das gegen uns kommt. Wir wissen nicht, was wir tun sollen, sondern unsere Augen sehen nach dir" (2. Chronik 20, 12).

Wenn wir Gott loben, ist es wichtig, daß wir den Blick abwenden von den uns bedrohenden Umständen und statt dessen hinwenden auf Gott. Beachten wir, daß Josaphat vor der Bedrohung seines Reiches nicht einfach die Augen verschloß oder so tat, als wären die Feinde gar nicht da. Nein, er nahm die Situation sogar recht gründlich zur Kenntnis, nur erkannte er dann seine eigene Hilflosigkeit und wandte sich zu Gott um Hilfe.

Wir sollen nicht blind sein gegenüber den ganz realen Bedrohungen durch das Böse in unserem Leben. Wenn wir sie so sehen, wie sie wirklich sind, haben wir um so größere Ursache, Gott zu loben und zu preisen dafür, daß er in seiner göttlichen Weisheit und Autorität in ihnen wirkt. Doch dürfen wir uns auch nicht ausschließlich mit dem Auftreten des Bösen um uns her beschäftigen. Wir nehmen diese Mächte nur zur Kenntnis, geben zu, daß wir hilflos sind und in eigener Kraft es nicht mit ihnen aufnehmen können, und wenden uns dann zu Gott.

Gott sprach zu Josaphat: „Ihr sollt euch nicht fürchten und nicht verzagen vor diesem großen Heer; denn nicht ihr kämpft, sondern Gott" (2. Chronik 20, 15).

Meiner Meinung nach ist dies eine ungeheuerliche Aussage. Wir haben nicht die Kraft, es mit den Umständen in unserem Leben aufzunehmen, also liegt es auf der Hand, daß nicht wir kämpfen, sondern Gott!

„Nicht ihr werdet dabei kämpfen; tretet nun hin und steht und seht die Hilfe des Herrn . . ."

Welch eine Verheißung! Was wollte nun Gott von Josaphat haben, während er still stehen und die Hilfe des Herrn sehen sollte?

Am nächsten Morgen gab Josaphat den Befehl: „Er bestellte Sänger für den Herrn, daß sie in heiligem Schmuck Loblieder sängen und vor den Kriegsleuten herzögen und sprächen: Danket dem Herrn; denn seine Barmherzigkeit währet ewiglich" (2. Chronik 20, 21).

Diese Szene spielte sich direkt vor den Augen der Heeresmassen ab, die bereit waren, zum tödlichen Schlag gegen Israel auszuholen. Kannst du dir die Reaktion dieser Heerführer vorstellen, als diese kleine Sängerschar aufs Schlachtfeld hinauszog, um ihnen im Kampf zu begegnen?

Ich bin seit vielen Jahren Pfarrer in der amerikanischen Armee, und ich habe die Vorbereitungen für viele Schlachten miterlebt. Aber ich habe noch nie gehört, daß ein kommandierender General seinen Truppen den Befehl gegeben hätte, vor den feindlichen Reihen still zu stehen, während eine Musikgruppe hinausgezogen wäre, um Loblieder Gottes zu singen.

Es erscheint uns in der Tat als absurde Idee, nicht wahr? Gewöhnlich geschieht es in derartigen Situationen, daß unser Verstand dann plötzlich abschaltet.

„Es ist schon gut und richtig, den Herrn zu preisen, wenn wir in der Klemme sind“, sagen wir vielleicht, „aber lächerlich machen wollen wir uns nicht. Gott hilft denen, die sich selbst helfen. Zumindest müssen wir selbst auch so tapfer wie möglich kämpfen, und das übrige überlassen wir dann dem Herrn.“

Was aber geschah mit Josaphat und seinen Männern?

„Und als sie anfingen mit Danken und Loben, ließ der Herr einen Hinterhalt kommen über die Ammoniter und Moabiter und die vom Gebirge Seir, die gegen Juda ausgezogen waren, und sie wurden geschlagen ... Und als die Leute vom Gebirge Seir alle aufgerieben hatten, kehrte sich einer gegen den andern, und sie wurden einander zum Verderben“ (2. Chronik 20, 22—23).

Ich glaube, wir dürfen mit Sicherheit annehmen, daß, wenn Josaphat hätte „auf Nummer Sicher gehen“ wollen und seinen Männern den Kampf befohlen hätte, die Schlacht ganz anders ausgegangen wäre.

Wir lassen uns oft ständig von den uns umgebenden Umständen besiegen, weil wir nicht die Tatsache akzeptieren wollen, daß der Kampf des Herrn ist und nicht unser eigener. Wir mögen zwar unsere eigene Hilflosigkeit dem Feind gegenüber erkennen, haben dann aber Angst, uns fallen zu lassen und uns der Kraft Gottes anzuvertrauen. Und gerade hier lassen wir unserem Verständnis den falschen Platz zukommen. Wir sagen: „Ich verstehe das nicht, also wage ich es auch nicht zu glauben.“

Gottes Wort macht es aber ganz klar, daß der einzige Ausweg aus *diesem* Dilemma nur der Glaubensweg ist, den wir gehen müssen. Wenn wir an die Gültigkeit seiner Verheißungen glauben, sie akzeptieren und es wagen, ihnen zu vertrauen, dann werden wir auch verstehen lernen. Das Prinzip der Bibel ist hier ganz klar: erst akzeptieren, *dann* verstehen.

Der Grund dafür ist einfach. Unser menschliches Verständnis ist so begrenzt, daß wir die Größe von Gottes Plan und Absicht für seine Schöpfung in keiner Weise fassen können. Wenn das Verstehen vor dem Akzeptieren käme, dann würden wir nie sehr viel akzeptieren können.

Josaphat hätte nie gewagt, den Plan Gottes für die Schlacht zu befolgen, wenn er darauf bestanden hätte, diesen Plan zuerst verstehen zu können. Zweifellos ließen Gottes Plan und Verheißung Josaphat stutzig werden und überstiegen ganz gewiß sein Verständnis. Aber Josaphat — so lesen wir es in dieser Geschichte — war ein

Mann, der Gott *glaubte* und vertraute. Auch mit seinem Verständnis verließ er sich auf Gott und vertraute ihm.

Josua war ein weiterer Heerführer, der von Gott Kampfbefehle erhielt, die sein Verständnis erschüttert haben müssen. Aber er mußte bereit sein, das zu akzeptieren, was Außenstehenden sicherlich völlig unmöglich erschien.

Wir alle kennen ja die Geschichte von der Schlacht um Jericho. Die Stadt Jericho war eine Festung, und sicher besaßen die Israeliten, die vierzig Jahre in der Wüste umhergezogen waren, weder die Waffen noch die Kraft, um diese Stadt einzunehmen. Doch Josua glaubte Gott, der Israel verheißen hatte, ihnen ihre Feinde in die Hände zu geben.

Gott befahl Josua, mit seinen Männern sechs Tage lang um Jericho herumzumarschieren. Am siebten Tag sollten sie dann die Posaunen blasen und ein Kriegsgeschrei machen. „Dann wird die Stadtmauer einfallen, und das Kriegsvolk soll hinaufsteigen, ein jeder stracks vor sich hin" (Josua 6, 5).

Josua vertraute Gott — aber ich frage mich, was hättest du, was hätte ich getan und gesagt, wenn wir unter seinen Nachfolgern gewesen wären. Hätten wir gebockt und gemurrt über einen solch verwegenen Vorschlag? Ich möchte gerne wissen, was sich wohl die Bewohner Jerichos gedacht haben, als sie auf den massiv befestigten Stadtmauern standen und die Israeliten mit der Bundeslade um die Stadt marschieren sahen.

Früher hielt ich die Geschichte von Josua und der Schlacht von Jericho für eine Art reichlich übertriebener Heldensage. Doch Archäologen haben in den letzten Jahren die Ruinen des alten Jericho entdeckt und umfassende Beweise dafür gefunden, daß die Stadtmauern tatsächlich einmal einstürzten, und zwar stimmt der Zeitpunkt dieses Ereignisses genau mit dem des biblischen Berichts überein. Die Mauern Jerichos fielen tatsächlich einmal ein. Die Kraft Gottes war am Werk, während sein Volk Vertrauen und Glauben bewies, indem es ihn mit Posaunenschall und Jauchzen lobte und pries.

Die Beispiele von Josaphat und Josua zeigen deutlich, daß Gott unsere Siege mit Mitteln und Prinzipien erkämpft, die unserer menschlichen Weisheit und Taktik vollkommen lächerlich erscheinen.

Wir sollen ihm vertrauen, ihn loben und dann zusehen, wie er wirkt. Auch Jesus Christus handelte so während der Zeit seines irdischen Dienstes in Israel. Seine Aufgabe war es, sich dem Willen seines Vaters in völligem Gehorsam, Vertrauen und Glauben unterzuordnen, so daß Gottes Kraft den Menschen in ihrer Not begegnen konnte.

Wir wollen jetzt noch einige der Gebete Jesu herausgreifen, die er im Zusammenhang mit schwierigen Problemen zum Vater emporsandte.

Da waren jene 5000, die ihm bis vor die Stadt hinaus gefolgt waren, um ihn predigen zu hören. Nun bekamen sie Hunger. Das einzige Eßbare, was zur Verfügung stand, war die Mahlzeit eines kleinen Jungen — fünf Brote und zwei Fische.

Was betete Jesus? Flehte er Gott an, ein Wunder zu vollbringen?

„Er ... sah auf gen Himmel, dankte und brach die Brote und gab sie den Jüngern, daß sie ihnen vorlegten, und die zwei Fische teilte er unter sie alle. Und sie aßen alle und wurden satt. Und sie hoben auf die Brocken, zwölf Körbe voll, und von den Fischen" (Markus 6, 41—43 — Luther-Übers.).

Manche mögen hier einwenden: „Ja, aber das war Jesus; er *wußte,* was Gott tun konnte. Bei uns würde das nicht geschehen."

Aber Jesus sagte zu seinen Nachfolgern: „Wahrlich, wahrlich, ich sage euch: Wer an mich glaubt, der wird die Werke auch tun, die ich tue, und wird größere als diese tun, denn ich gehe zum Vater. Und was ihr bitten werdet in meinem Namen, das will ich tun, auf daß der Vater verherrlicht werde in dem Sohn" (Johannes 14, 12 bis 13 — Luther-Übers.).

Jesus sagte, daß wir *größere* Werke tun würden. Bedeutet das, daß Gott eventuell einen Plan hat bezüglich der Hungersnöte auf der ganzen Welt und der erwarteten Lebensmittelknappheit, die von Umweltfachleuten und Landwirtschaftsexperten als sicher vorausgesagt wird?

Ja, ich glaube das. Mir sind mehrere Fälle bekannt, in denen Menschen Gott bei seinem Wort nahmen, ihm dankten und ihn lobten für die in beschränktem Umfang zur Verfügung stehenden Lebensmittel und dann erfuhren, daß diese Lebensmittel für weit mehr Menschen reichten als ursprünglich vorgesehen.

Auch beim Tod von Lazarus betete Jesus nur ein ganz schlichtes Gebet der Danksagung. Als der Stein von dem Grab, in dem Lazarus seit vier Tagen begraben lag, abgerollt war, hob Jesus seine Augen auf und sprach: „Ich danke dir, Vater, daß du meine Bitte erfüllst" (Johannes 11, 41). Dann gebot er Lazarus, aus dem Grab hervorzukommen. Und der Mann, der seit vier Tagen tot gewesen war, kam heraus!

Die Bibel sagt, daß Jesus auf die Erde kam, um uns eine Möglichkeit zu geben, Gott zu loben. Der Prophet Jesaja sagte Jesu Kommen voraus und sagte auch, daß er dazu gesandt würde, „den Elenden gute Botschaft zu bringen, die zerbrochenen Herzen zu verbinden, zu verkündigen den Gefangenen die Freiheit, den Gebundenen, daß sie frei und ledig sein sollen . . . zu trösten alle Trauernden . . . Freudenöl statt Trauerkleid, Lobgesang statt eines betrübten Geistes . . ." (Jesaja 61, 1—3).

Vielleicht erkennst du deinen eigenen Zustand in dieser Liste? Hast du ein zerbrochenes Herz? Bist du körperlich, geistig oder geistlich behindert? Bist du im Gefängnis einer Krankheit oder durch geistliche Blindheit gebunden? Bist du bei den Trauernden? Unfähig, dich zu freuen, dankbar zu sein und Gott zu loben? Ist dein Geist schwer beladen und betrübt?

Vielleicht bist du das deshalb, weil du die Gute Nachricht, die Jesus gebracht hat, noch nicht völlig akzeptiert und verstanden hast.

Loben und Danken ist eine aktive Reaktion auf das, was Gott durch seinen Sohn Jesus Christus und die Person des Heiligen Geistes in unserem Leben und auf der ganzen Welt getan hat und tun wird.

Wenn wir in unserem Herzen bezweifeln, was Gott getan hat und noch tut, dann können wir ihn nicht von ganzem Herzen loben und preisen. Ungewißheit in bezug auf die Gute Nachricht wird unserem Lobpreis immer hindernd im Wege stehen. Wenn wir in der Lage sein wollen, Gott in allen Dingen zu preisen, dann müssen wir dafür sorgen, daß wir ein tragfähiges Fundament haben, das nicht von Rissen des Zweifels und der Ungewißheit durchzogen ist.

II
Höre die Gute Nachricht!

Wenn ich dir ein Zehn-Pfennig-Stück als Geschenk anbieten würde, wärst du sicher nicht sehr begeistert davon. Du würdest dich fragen, warum ich das wohl tue, und würdest mich vielleicht sogar auslachen. Wenn ich dir ein weiteres Zehn-Pfennig-Stück schenkte, würdest du vielleicht den Kopf schütteln und dich noch mehr wundern. Wenn ich dir dann immer noch mehr Zehn-Pfennig-Stücke gäbe, bis es zwanzig wären, würde zwar dein Interesse etwas geweckt, aber immer noch könntest du dir nicht denken, was das bedeuten soll.

Wenn ich dir jedoch anstelle des Zehn-Pfennig-Stücks einen Tausend-Mark-Schein anbieten würde, wärst du ganz bestimmt sofort begeistert. Und wenn ich dir dann noch weitere Scheine schenken würde, bis es 20 000 Mark wären, würdest du mich wahrscheinlich mit großen Augen anstaunen und allmählich begreifen, daß dir soeben ein kleines Vermögen zugefallen ist. Vielleicht würdest du vor Freude weinen und wahrscheinlich gleich jemand erzählen, was für ein großartiges Geschenk du erhalten hast. Eine wunderbare Neuigkeit, die man unbedingt anderen mitteilen will! Dein ganzes Leben lang würdest du davon reden wollen.

„Hatte ich dir schon von den 20 000 Mark gesagt, die ich geschenkt bekommen habe?"

Gott hat uns viele wunderbare Gaben gegeben. Man bekommt sie geschenkt, wenn man darum bittet. Vielleicht sind sie dir bis jetzt nur als Zehn-Pfennig-Geschenke bekannt. Zehn Pfennige können uns natürlich nicht aus der Fassung bringen. Das Herz schlägt nicht höher, wenn man sich vorstellt, daß man ein Zehn-Pfennig-Stück geschenkt bekommt. Du weinst keine Tränen vor Dankbarkeit und Freude, wenn du an Gottes Güte denkst. Was stimmt da nicht? Ist das Gottes Geschenk? Nein, du lebst noch in der Zehn-Pfennig-Welt.

Für viele Kirchgänger ist Gottes Gabe des ewigen Lebens nur ein Zehn-Pfennig-Geschenk. Sie meinen, sie müßten sich besonders anstrengen, um ein gutes Leben zu führen und ihre „Gabe" behalten zu können. Durch dieses mühevolle Anstrengen kommen sie in eine solche ständige Spannung hinein, daß sie sich oft fragen, ob es sich wirklich lohnt, Christ zu sein.

Kein Wunder haben sie keinerlei Freudigkeit, die Gute Nachricht an andere weiterzugeben. Für sie bedeutet Christsein nur, am Sonntag zur Kirche zu gehen, auf alles zu verzichten, was Spaß machen könnte, und die hart verdienten Münzen in den Opferteller zu legen.

Wenn das auch der „Glaube" ist, den du hast, dann begreife ich gut, weshalb du jeden freien Abend vor dem Fernsehgerät verbringst und nie mit einem Nachbarn oder mit einem Fremden auf der Straße über Gottes wunderbare Liebe zu uns Menschen sprichst. Nach deiner Erkenntnis ist Gottes Gabe dir nur so viel wert wie ein Zehn-Pfennig-Stück. Warum solltest du deshalb auch mehr davon haben wollen? Zehn-Pfennig-Geschenke — du kannst ohne sie auskommen.

Wenn du aber einen Tausend-Mark-Schein erhieltest, würdest du dich nach mehr sehnen. Und du würdest allen anderen sagen, wo man diese bekommen kann.

Wir möchten alle mehr Tausend-Mark-Scheine haben. Die Menschen verspielen eine Menge Geld in der Hoffnung, etwas für nichts zu bekommen. Wir haben alle einen angeborenen Drang, etwas zu erwerben, was echten Wert besitzt.

Nun möchte ich dir sagen, daß Gottes Gaben an uns einen größeren Wert besitzen als Millionen Mark. Er gibt sie nicht nur Menschen, die ein einigermaßen anständiges Leben führen, nein, Christus hat bereits den Preis bezahlt für jede Gabe, die Gott uns geben will.

„Gott hat doch gesagt: ‚Ich will die Weisheit der Weisen zunichte machen und den Verstand der Klugen verwerfen'" (1. Korinther 1, 19).

Die Erlangung der Sündenvergebung und des ewigen Lebens als Geschenk entspricht nicht unseren normalen Lebensgewohnheiten, wie wir sie kennen. Wir wurden zu dem Glauben erzogen, daß wir nur das bekommen, was wir verdienen oder wofür wir auch zahlen wollen. Gottes Plan, uns etwas vollständig kostenlos zu geben, erscheint uns so unmöglich, daß wir sein Angebot noch zu ergänzen suchen.

So sagen wir zum Beispiel: „Ich erhalte Gottes Gabe, wenn ich dies oder jenes tue.“ „Euch aber hat Gott zur Gemeinschaft mit Jesus Christus berufen“, schrieb Paulus. „Der ist unsere Weisheit, die von Gott kommt. Durch ihn können wir vor Gott bestehen. Durch ihn hat Gott uns zu seinem Volk gemacht und von unserer Schuld befreit“ (1. Korinther 1, 30).

Wenn du eine solch wunderbare Botschaft hörst, mußt du dir in erster Linie darüber klar werden, ob Christus die Autorität und die Macht besitzt, dir ewiges Leben zu schenken, ohne dafür irgendeine Gegenleistung zu verlangen. Wenn du meinst, daß er diese Macht und Autorität nicht hat, dann mußt du natürlich selbst etwas dazu beitragen, um mit Gott in Ordnung zu kommen. Du wirst dich dein Leben lang abmühen müssen, um seinen Anforderungen gerecht zu werden. Doch Gottes Wort sagt deutlich, daß du — wie sehr du dich auch abquälen magst — nie so gut werden kannst, wie er es verlangt. Jede Anstrengung, deine eigene Rechtschaffenheit zu beweisen, ist dasselbe, als würdest du behaupten, Gott sei ein Lügner!

„In seiner Gnade hat Gott mich zum Apostel berufen. Zur Ehre seines Namens soll ich Menschen aus allen Völkern dafür gewinnen, daß sie die Gute Nachricht annehmen und sich ihm unterstellen“ schrieb Paulus in Römer 1, 5.

Paulus hatte solche „Tausend-Mark-Scheine“ erhalten, er war deshalb voll Begeisterung. Er war auch entschlossen, es der ganzen Welt zu sagen.

„Durch die Gute Nachricht zeigt Gott allen, wie *er selbst dafür sorgt,* daß sie vor ihm bestehen können. Der Weg dazu ist vom Anfang bis zum Ende bedingungsloses Vertrauen auf Gott“ (Römer 1, 17).

Paulus sagt hier, Gott *sorge selbst dafür,* daß wir vor ihm bestehen können. Wenn Gott dafür sorgt, können wir uns dann darauf verlassen, daß es richtig getan wird? Gibt es dann noch Spielraum für Verbesserungen? Bist du dann an deinem Lebensende bereit, vor ihm zu stehen, wenn er selbst dich dazu bereitgemacht hat?

Wir selbst können uns nie so gut machen, mögen wir uns noch so sehr anstrengen.

„Denn durch die Befolgung des Gesetzes findet niemand Gottes Anerkennung. Durch das Gesetz wird nur die Macht der Sünde sichtbar“ (Römer 3, 20).

Je mehr du dich mit dem Gesetz Gottes befaßt, um so stärker wird dir bewußt, wie ungerecht du bist. Nur die Hochmütigen bilden sich ein, sie würden es bis zu einem gewissen Grad zu eigener Rechtschaffenheit bringen. Christus ist die einzige selbstlose, sündlose Macht in dieser Welt. Nur durch *seine Gegenwart in dir* bist du besser als der sündigste Mensch, der je gelebt hat!

„Hat also noch irgend jemand einen Grund, vor Gott stolz zu sein? Bestimmt nicht! Und warum nicht? Weil es vor Gott nicht auf die eigenen Leistungen ankommt, sondern auf das bedingungslose Vertrauen. Wir wissen ganz sicher: Gott nimmt einen Menschen nur an, wenn *er sich auf Jesus Christus verläßt*. Die Leistungen, die einer aufgrund des Gesetzes vollbracht hat, zählen bei ihm nicht" (Römer 3, 27—28).

Paulus betonte, daß diese Lehre vom Glauben nichts Neues war. Er zeigte auf, daß Abraham nicht wegen seiner guten Werke von Gott akzeptiert wurde, sondern um seines Glaubens willen.

Abraham war — selbst gemessen am sittlichen Niveau jener Zeit — kein *guter* Mensch. Als er in ein fremdes Land zog, war er sich bewußt, daß ihm die Leute dort vielleicht seine Habe, sein Vieh oder sogar seine schöne Frau stehlen könnten. Um sich für diese Reise besser abzusichern, entschloß er sich deshalb dazu, seine Frau Sara als seine Schwester auszugeben. Auf diese Weise würde ein eventueller Verehrer — so überlegte er — ihm eher günstig gesonnen sein, als ihn umbringen zu wollen. Tatsächlich geschah es so, wie Abraham es erwartet hatte. Dem König selbst gefiel Sara, und er wollte sie zur Frau haben. Sie wurde in seinen Palast gebracht, und Abraham erhielt schöne Geschenke.

Was machte Abraham jetzt? Ersann er einen Plan zur Befreiung seiner Frau? Keineswegs. Er genoß ganz einfach sein Glück. Gott selbst mußte eingreifen und dem König zeigen, daß Abraham ihn betrogen hatte.

Würdest du wohl Abraham als Mitglied in deine Kirche aufnehmen wollen? Überlege diese Frage einmal gut.

Gott akzeptierte Abraham, nicht weil er ein moralisch gutes Leben geführt hätte, sondern weil er Gott glaubte. Sein Glaube machte ihn vor Gott gerecht. Abraham mag in unseren Augen kein guter Mensch gewesen sein, aber er war gut in Gottes Augen, weil er glaubte.

Vielleicht hältst du dich für besser als Abraham oder manche Menschen, die du kennst, aber in Gottes Augen sind alle Menschen gleich sündig. Unsere Erlösung oder unsere Brauchbarkeit im Reich Gottes hängt nicht davon ab, wie gut oder wie schlecht wir sind. Nicht durch gute Werke erwarb sich Abraham einen Platz im Himmel.

Paulus schrieb: „Ein Arbeiter bekommt seinen Lohn nicht als Geschenk, sondern weil er einen Anspruch darauf hat. Vor Gott ist das anders. Wer nicht auf seine Leistung pocht, sondern dem vertraut, der den Schuldigen freispricht, der findet durch sein Vertrauen bei Gott Anerkennung" (Römer 4, 4—5).

Wer Gott vertraut, findet bei ihm Anerkennung!

Nehmen wir an, du würdest dies wirklich glauben, wärst du dann sehr glücklich darüber? Würdest du anderen erzählen, wie einfach es ist, Christ zu werden? Denk einmal darüber nach: Um dich her gibt es Millionen von Menschen, die tatsächlich glauben, daß man, um Christ zu werden, ein guter Mensch sein muß. Wie dringend sollten sie die Gute Nachricht hören!

Gottes Gabe ist umsonst! Paulus schrieb: „Seine Wahl gründet sich nicht auf ihre Leistungen; sonst wäre ja sein Erbarmen kein wirkliches Erbarmen" (Römer 11, 6).

Die Gute Nachricht sollte überall verkündigt werden; doch die meisten Menschen sind, wenn sie davon reden sollten, merkwürdigerweise wie auf den Mund gefallen.

Bist du nicht schon einmal auf einen fremden Menschen zugegangen und hast ihn um Auskunft gebeten, wenn du den Weg zum Bahnhof oder zu einem bestimmten Restaurant nicht wußtest? Warst du dabei etwa schüchtern? Bekamst du Herzklopfen und einen trockenen Mund? Natürlich nicht. Warum beschleichen uns aber derartige Gefühle, wenn es darum geht, einem fremden Menschen zu erzählen, was Jesus für ihn getan hat?

Gott möchte, daß wir die Gute Nachricht jedem Menschen mitteilen. Jesus gebot seinen Jüngern, der ganzen Welt zu sagen, was er für uns getan hat. Wer ist es denn, der diese Botschaft geheimhalten will?

Ja, der Teufel geht umher, und sein Lieblingstrick ist es, uns Furcht einzujagen, damit wir die wunderbare Nachricht von Gottes herrlicher Gabe nicht verbreiten. Aber wenn wir hundertprozentig von dem überzeugt sind, was Gott für uns getan hat, wenn wir diese kostenlosen „Tausend-Mark-Scheine" angenommen haben, dann werden wir übersprudeln vor Freude und die Botschaft weitersagen.

Manche Menschen haben sich auch darüber Gedanken gemacht, wie gut uns Gott wohl haben möchte, nachdem er uns die Sünden vergeben hat und wir die Gabe des ewigen Lebens empfangen haben. Paulus schrieb darüber an die Römer.

„Gilt das nur für die Beschnittenen oder auch für die, die nicht beschnitten sind? Ich habe schon gesagt: Weil Abraham sich auf die Zusage Gottes verließ, fand er Gottes Anerkennung. Unter welcher Voraussetzung geschah das? War Abraham schon beschnitten oder war er es noch nicht? Er war es noch nicht“ (Römer 4, 9—10).

Paulus zieht hier einen erstaunlichen Schluß: Abraham hielt das Gesetz nicht, denn damals war das Gesetz ja noch gar nicht gegeben!

Daraus ist klar ersichtlich, daß Gott ihm die Verheißung, Abraham und seine Nachkommen sollten die ganze Erde besitzen, nicht gab, weil er Gottes Gesetzen gehorsam war, sondern weil er Gott die Erfüllung seiner Verheißung zutraute (Römer 4, 13).

Gott hat auch uns ein Erbe verheißen, nicht deshalb, weil wir ein anständiges Leben führen, sondern deshalb, weil wir glauben. Vielleicht bist du der Ansicht, daß Gottes Plan keine sehr gute Lösung ist, dennoch ist sie Gottes Lösung für unser Problem.

Die Juden entschuldigten sich ständig und behaupteten beharrlich, sie hätten keine Sünde. Viele Christen mißverstehen Jesu Antwort an die Juden. Er beteuerte, daß das Gesetz Gottes viel gründlicher sei, als sie es fassen könnten. Sie waren zum Beispiel der Ansicht, sie hätten sich noch nie des Ehebruchs schuldig gemacht. Aber Jesus erklärte ihnen, wenn man eine Frau nur begehrlich anschaue, sei dies bereits Ehebruch. Er sagte ihnen, sie könnten ihr Auge ausreißen, damit ihre Gedanken rein blieben. Aber Jesus kannte die Gedanken des Menschen. Auch wenn ein Mensch nicht sündigen möchte, ist in ihm noch jene andere Natur, die es tun will, und deshalb haben wir es mit einem ständigen inneren Kampf zu tun.

Was wollte uns also Jesus sagen? Wollte er sagen, daß wir uns noch mehr anstrengen müssen, um das Gesetz zu halten? Nein, er wollte uns nur zeigen, wie dringend wir ihn brauchen. Fast jedes Gleichnis und jede Rede Jesu hatten das Ziel, uns davon zu überzeugen, daß wir ganz dringend einen Heiland brauchen. Paulus verkündigte, daß der Glaube an Christus die einzige Möglichkeit ist, das Gesetz zu halten.

Wenn du dich auch mit äußerster Anstrengung umformen wolltest und es dir sogar gelänge, manche der Gesetze Gottes zu halten — was würde es dir schon nützen? Gar nichts. Jesus sagte deutlich, daß, wenn wir nicht jedes einzelne Gesetz vollkommen halten, wir uns des ganzen Gesetzes schuldig machen.

Christus wollte dich mit dieser Aussage nicht entmutigen, sondern vielmehr ermutigen! Er sagte, er würde etwas tun, um dir dieses Problem abzunehmen.

„Denn seit Christus gekommen ist, ist das Gesetz nicht mehr der Weg zu Gott. Jetzt gilt: Gott nimmt alle an, die ihm vertrauen" (Römer 10, 4).

Wenn Christus in dein Leben kommt, behältst du zwar deinen physischen Leib und mit ihm auch manch unheiliges Verlangen. Aber der Unterschied besteht dann darin: „Wer zu Christus gehört, ist ein neuer Mensch geworden. Was er früher war, ist vorbei, und etwas ganz Neues hat begonnen" (2. Korinther 5, 17).

Du siehst wahrscheinlich noch aus wie früher, aber du *bist* nicht mehr wie früher.

„Wenn Christus in euch wirkt, dann seid ihr zwar wegen eurer Sünde dem Tod verfallen, aber weil Gott euch angenommen hat, schenkt sein Geist euch das Leben" (Römer 8, 10).

Inwendig in dir ist ein neuer geistlicher Mensch geworden. Dein physischer Leib wird eines Tages sterben, aber du selber wirst nicht sterben. Du wirst in Ewigkeit leben, mit Christus.

Ich habe mit Tausenden von treuen Kirchgängern gesprochen und sie gefragt, was der Mensch tun müsse, um in den Himmel zu kommen. Ich habe diese Frage in streng bibelgläubigen Kreisen gestellt und immer und immer wieder die gleiche Antwort bekommen.

90 Prozent dieser Leute haben mir Dinge aufgezählt, die man *tun* müsse: die Gebote halten, in die Kirche gehen, Opfer geben, andere nicht ungerecht behandeln etc. — eine endlose Liste von Dingen, die *sie* tun wollten.

Kirchentreue Menschen haben die Lüge, das Seelenheil hänge davon ab, was *wir* tun, gehört und auch geglaubt. Kein Wunder geht die Verbreitung der Guten Nachricht so zögernd vor sich. Wer möchte auch schon gerne in die Kirche gehen, ein Zehn-Pfennig-Geschenk erhalten und dann der Welt davon erzählen?

Bist du immer noch davon überzeugt, daß Gott dir nur Zehn-Pfennig-Geschenke anbietet? Bist du immer noch der Meinung, um Gottes Segen zu erlangen, müsse man Glauben haben — und noch etwas dazu? „Wenn Gottes Zusage für die bestimmt wäre, die sich auf das Gesetz verlassen, dann hätte Gott das Vertrauen entwertet und sein Versprechen widerrufen" (Römer 4, 14).

Paulus schrieb: „Das Gesetz ruft nur Zorn hervor; denn erst durch das Gesetz kommt es zu Übertretungen" (Römer 4, 15).

Bedeutet das, daß Gott über uns zornig wird, wenn wir versuchen, gute Menschen zu sein und sein Gesetz zu halten? Natürlich nicht. Er wird nur deswegen zornig, weil er weiß, *warum* wir versuchen, sein Gesetz zu halten. Wenn wir nämlich Gottes Gesetz halten wollen aus Furcht vor seiner Strafe, dann sind unsere Bemühungen wertlos. Wenn wir das Gesetz halten wollen, um uns seine Segnungen zu verdienen, dann strengen wir uns vergeblich an. Warum sollen wir uns dann überhaupt bemühen, etwas Gutes zu tun? Könnten wir nicht einfach so schlecht sein, wie wir wollen, wenn das Heil doch sowieso ein Geschenk ist?

Das ist natürlich eine vollkommen verkehrte Ansicht. Wir müssen Gutes tun, aber nur, weil wir Gott lieben und ihm gefallen möchten. Wenn wir seine wunderbaren Gaben an uns vollkommen verstehen, werden wir seine Liebe erwidern, indem wir ihn wieder lieben. Wenn du dich an die Idee klammerst, du müßtest Gutes tun, um Gottes Gunst zu erwerben, dann lernst du ihn vielleicht *nie* lieben. Du wirst dich dann auch nie über den „Tausend-Mark-Schein" von Herzen freuen können.

„Aber jetzt ist eingetreten, was das Gesetz selbst und die Propheten im voraus angekündigt hatten: Gott hat so gehandelt, wie es seinem Wesen entspricht. Er hat selbst dafür gesorgt, daß die Menschen vor ihm bestehen können. Er hat das Gesetz beiseite geschoben und will die Menschen annehmen, wenn sie sich nur auf Jesus Christus verlassen" (Römer 3, 21—22).

Die Bedingung ist: *„Wenn wir uns auf Jesus Christus verlassen"*. Auf sich selbst vertrauen und entweder „gut genug" oder nicht „zu schlecht" sein, ist das genaue Gegenteil.

Was tat Jesus Christus für uns?

„Ihn hat Gott als Versöhnungszeichen vor aller Welt aufgerichtet. Sein *Blut,* das am Kreuz vergossen wurde, bringt allen den Frieden mit Gott, allen, die dieses Friedensangebot bedingungslos *annehmen*" (Römer 3, 25).

Beide Elemente sind außerordentlich wichtig. Eines allein genügt nicht. Christus ist zwar gestorben, aber wenn wir dies nicht im Glauben annehmen, nützt es uns nichts. Wenn wir uns ganz in unsere eigenen Werke verstricken, haben wir nie die Freiheit zum Glauben.

„Er ließ ihn sterben, um unsere Schuld zu tilgen, und er hat ihn zum Leben ei .veckt, damit wir vor ihm bestehen können" (Römer 4, 25). „Am Tod zeigt sich, wie mächtig die Sünde ist. Wie mächtig Gottes Liebe ist, zeigt sich am Leben, das keinen Tod mehr kennt. Dieses Leben verdanken wir unserem Herrn Jesus Christus, durch den wir von unserer Schuld freigeworden sind" (Römer 5, 21).

Wir haben ganz deutlich die Wahl zwischen Gottes Liebe oder seinem gerechten Gericht. Es wird uns die Gabe des ewigen Lebens angeboten, die Alternative ist der Tod.

Während meines Einsatzes als Armeepfarrer in Vietnam war in unserem Lazarett auch eine junge attraktive Krankenschwester tätig. Quicklebendig und voller Vitalität war sie nach Vietnam gekommen, doch schon bald verblaßte das glückliche Lächeln auf ihrem Gesicht. Sie konnte den Anblick der jungen Soldaten, die schwerverwundet und in Schmerzen liegend ins Lazarett eingeliefert wurden, nicht ertragen. Oft kam sie in mein Büro, um sich über ihre innere Not auszusprechen.

„Warum sagen Sie, Gott liebe diese Männer, wenn er sie so leiden läßt?" fragte sie mich eines Tages.

„Es wäre leichter, wenn Sie Ihre Sorgen und Ihren Kummer um Ihre Patienten Gott übergeben und auf seine Hilfe vertrauen würden", riet ich ihr. „Gott liebt diese verwundeten Soldaten weit mehr, als Sie und ich es je könnten."

Die Krankenschwester schüttelte den Kopf.

„Das kann ich nicht, Herr Pfarrer", erwiderte sie. „Vielleicht später einmal, aber jetzt nicht. Es schmerzt zu sehr, wenn man sie so leiden sieht. Ich bringe es jetzt nicht fertig, Gott dafür zu danken."

Ihre Besuche bei mir wurden seltener. Ihre Augen, die früher einmal so fröhlich geblickt hatten, nahmen jetzt einen stumpfen Ausdruck an, und mir kam langsam der Verdacht, daß sie Pillen nahm, um gegen die Depressionen anzukämpfen. Es schien, als würde sie von dem, was um sie her vorging, gar nicht mehr berührt. Später wurde sie dann versetzt, und ich verlor sie aus den Augen.

Vor kurzem erhielt ich nun einen Brief aus einem Mädchenerziehungsheim in einem Staat des mittleren Westens.

„Sehr geehrter Herr Pfarrer!

Seitdem ich Sie im Lazarett in Vietnam zum ersten Mal sah, bin ich viele Meilen in der verkehrten Richtung gegangen. Anscheinend habe ich auf dem Wege den anständigen Teil meiner Person verloren. Nach Vietnam konnte ich keinen inneren Frieden mehr finden, und ich fing an, mich gehen zu lassen.

Alles fing damit an, daß ich das sinnlose Sterben und die verkrüppelten jungen Leiber im Lazarett mitansehen mußte. Ich gab Gott alle Schuld, und nun erkenne ich, daß ich mich mit meinen Anklagen von ihm losgesagt und mich selbst zerstört habe. Jetzt bin ich für nichts und niemand mehr zugänglich. Ich existiere nur noch in einer grauen, empfindungslosen Leere.

Ich weiß, daß Gott die Antwort ist. Ich habe viele Jahre dagegen angekämpft, aber jetzt weiß ich es. Ich wollte Ihnen schon länger einmal schreiben, aber ich habe mich geschämt. Ich erinnere mich noch, wie gut es immer tat, mich im Pfarrzimmer auszusprechen. Damals wollte ich die Antwort nicht annehmen. Ich hoffe, daß es nicht zu spät ist. Bitte beten Sie für mich ..."

Die junge Krankenschwester hatte sich von der Gabe, die Gott ihr hinhielt, abgewandt. Jetzt hatte sie die Folgen ihres Handelns eingesehen. Man stelle sich nur all das Leid vor, das sie durchgemacht haben muß.

Die Gabe des ewigen Lebens zu empfangen, ist das Einfachste, was es gibt. Man braucht weder klug noch gut zu sein — schon ein kleines Kind ist dazu imstande.

Paulus schrieb: „Denn wie heißt es: ‚Gottes Botschaft ist dir ganz nah; sie ist in deinem Mund und in deinem Herzen!' Damit ist die Botschaft gemeint, die wir verkünden: Vor Gott gilt nur das Vertrauen auf Jesus Christus! Wenn ihr mit dem Mund bekennt: ‚Jesus ist der Herr', und mit dem Herzen darauf vertraut, daß Gott ihn vom Tod erweckt hat, werdet ihr gerettet" (Römer 10, 8—9).

Warum zögern manche Menschen? Warum haben sie solche Angst?

Die junge Krankenschwester hatte Angst davor, sich einem Gott anzuvertrauen, der junge Soldaten im Krieg umkommen oder zum Krüppel werden ließ. Sie konnte Gottes Liebe nicht vertrauen.

„Die Liebe kennt keine Angst", schrieb Johannes. „Wahre Liebe vertreibt die Angst. Wer Angst hat und vor der Strafe zittert, bei dem hat die Liebe ihr Ziel noch nicht erreicht" (1. Johannes 4, 18).

Gott *ist* Liebe. Alles, was er tut, ist handelnde Liebe. Unser Problem besteht darin, daß wir von dem, was Liebe im tiefsten Grunde eigentlich ist, nur eine ganz verzerrte Vorstellung haben. Wir wurden alle schon durch menschliche Liebe verletzt und enttäuscht, wir kennen diese Liebe, die uns belohnt und akzeptiert, wenn wir gut sind, und die uns bestraft und abweist, wenn wir schlecht sind. Aber diese Liebe kann mit Gottes Liebe in keiner Weise verglichen werden.

Im griechischen Urtext des Neuen Testaments werden zwei Wörter verwendet, die jedesmal einfach mit dem Wort „Liebe“ übersetzt sind. Das eine Wort „philia“ = brüderliche Liebe bedeutet tiefe, spontane, persönliche Zuneigung. Das andere Wort heißt „agape“ = göttliche Liebe. Diese Liebe — so sagt Paulus — sollen Mann und Frau zueinander haben. „Agape“ ist auch das Wort für die Liebe, die Gott zu uns Menschen hat. Dieses Wort bedeutet durchdachte, beabsichtigte, bewußte, geistige Hingabe. Diese Liebe hat ihren Ursprung nicht in Gefühlen oder Emotionen; sie ist ein bewußter Willensakt. Sie verändert sich nie und ist immer zuverlässig, denn sie ist nicht davon abhängig, ob die geliebte Person diese Liebe verdient und ihrer wert ist.

Gerade so liebt uns Gott. Er liebt uns, wenn wir ihn abweisen, wenn wir ihm ungehorsam sind und wenn wir einen schlechten Lebenswandel führen. Er liebt uns, wenn wir unser Leben total verpfuscht haben, und ist stets bereit, uns zu akzeptieren, uns zu vergeben und uns mit seiner Freude und seinem Frieden zu erfüllen.

Die Gabe der Liebe Gottes ist ewiges Leben in Christus Jesus, und sie ist uns so nahe wie unser Herzschlag. Wir akzeptieren einfach, was Jesus für uns getan hat, glauben in unserem Herzen, daß er lebt, und erzählen auch anderen davon. Es ist alles so einfach; dennoch zögern manche, selbst wenn sie *wissen,* was es mit dieser Gabe auf sich hat.

Nikodemus, ein religiöser, frommer Jude, kam einst zu Jesus bei Nacht und fragte ihn, wie er ins Reich Gottes kommen könne. Nikodemus wußte, daß Jesus von Gott gesandt war und die Antwort hatte.

Jesus sprach zu ihm: „Ich versichere dir: nur wer von neuem geboren ist, wird Gottes neue Welt (das Reich Gottes) zu sehen bekommen.“

„Wie kann ein erwachsener Mensch noch einmal geboren werden?“ fragte Nikodemus. „Er kann doch nicht in den Leib seiner Mutter zurückkehren und ein zweites Mal auf die Welt kommen!“

Jesus sagte: „Ich versichere dir: nur wer von Wasser und Geist geboren wird, kann in Gottes neue Welt (das Reich Gottes) hineinkommen. Was Menschen zur Welt bringen, ist und bleibt menschlich. Geist aber kann nur vom Geist geboren werden.“

Nikodemus wußte, wer Jesus war, aber das reichte nicht aus. Wir müssen dieses Wissen auch in die Tat umsetzen und Jesus Christus als unseren persönlichen Erlöser annehmen, indem wir ihn bitten, in unser Leben zu kommen. Wenn er durch den heiligen Geist in unserem Herzen Einzug hält, erleben wir eine geistliche Wiedergeburt. Wir können mit Gott nur in unserem Geist Gemeinschaft pflegen, deshalb müssen wir von neuem geboren werden, damit wir die Fähigkeit bekommen, Gott zu erkennen. Wenn wir nicht wiedergeboren sind, sind wir noch geistlich tot.

Paulus schrieb: „Ich bin mit Christus am Kreuz gestorben; darum lebe nun nicht mehr ich, sondern Christus lebt in mir. Solange ich noch in dieser Welt lebe, tue ich es im Vertrauen auf den Sohn Gottes, der mir seine Liebe erwiesen und sein Leben für mich gegeben hat" (Galater 2, 19—20).

An die Korinther schrieb Paulus: „Prüft euch selbst, ob ihr noch im Glauben steht. Macht selbst die Probe! Ihr müßt doch wissen, ob Jesus Christus unter euch ist; sonst hättet ihr ja versagt" (2. Korinther 13, 5).

Bist du wirklich Christ? Bist du von neuem geboren?

Auch in unseren heutigen Kirchen gibt es viele Nikodemusse. Sie beten jeden Tag, forschen täglich in der Heiligen Schrift. Sie besuchen Bibelstunden, Gebetskreise und helfen sogar in der Sonntagsschule. Selbst unter Predigern findet man sie. Oft sind sie in einer Kirche aufgewachsen und sind von Geburt an Methodisten, Presbyterianer, Lutheraner, Katholiken, Pfingstler, Baptisten oder Mitglieder irgendeiner anderen Kirche oder Gemeinschaft.

Sie wissen über den christlichen Glauben genauestens Bescheid. Sie wissen, daß Jesus der Sohn Gottes ist und für ihre Sünden starb. Sie wissen, daß er lebt, aber ihr persönliches Leben haben sie ihm nie wirklich übergeben und ihn nie als Herrn und Heiland in ihr Herz aufgenommen. Tausende besuchen regelmäßig die Gottesdienste und machen jede äußere Form des Christentums mit, aber selbst haben sie Christus noch nie erlebt.

Die Gabe der Erlösung und des ewigen Lebens ist völlig umsonst; man kann sie durch nichts erwerben oder verdienen, jeder muß sie persönlich in Empfang nehmen, bevor er sie sein eigen nennen kann. In Liebe streckt Gott seine Hand aus, aus Liebe gestaltet er unsere Verhältnisse so, daß wir einsehen, wie dringend wir ihn brauchen, und zieht uns dann liebend zu sich.

Einmal brachte ein gläubiger Feldwebel einen Soldaten aus seinem Zug zu mir. Der Soldat erwartete eine unehrenhafte Entlassung aus der Armee sowie eine Haftstrafe, weil er Rauschgift genommen und damit auch gehandelt hatte. Er war seit seinem 13. oder 14. Lebensjahr süchtig, und seit seinem Eintritt in die Armee hatte sich die Sache nur noch verschlimmert. Er hatte in Vietnam gedient, wo Rauschgift genauso leicht zu bekommen war wie Kaugummi.

„Ich habe mein Leben verpfuscht, und jetzt ist es zu spät, mich zu ändern", sagte er. Aus seinen finsteren Blicken sprach Verzweiflung.

„Haben Sie schon einmal an Gott gedacht?" fragte ich. „Er hat die Kraft, Sie zu verändern."

Der Soldat zuckte die Achseln.

„Dazu hat er keinen Anlaß", sagte er. „Ich habe ja nie etwas für ihn getan."

„Aber er liebt Sie", sagte ich. „Er sandte Jesus, und Jesus trug die ganze Strafe für alles, was Sie je getan haben. Er kann Sie auch heilen."

Der Soldat warf mir einen düsteren Blick zu.

„Ich habe schon von Jesus gehört", sagte er. „Ich würde ihn schon gerne als Heiland haben wollen, aber jetzt wird es nicht mehr viel nützen. Ich komme doch nicht von der Droge los, wenn ich mich auch noch so sehr anstrenge. Ich hänge schon zu lange daran."

„Gott kann Sie dennoch heilen", sagte ich zuversichtlich. „Meinen Sie nicht, daß er stärker ist als die Droge?"

Der Soldat sah mich mißtrauisch an.

„Wollen Sie es wenigstens einmal mit ihm probieren?" fragte ich. Der Soldat nickte.

„Ich probiere alles", sagte er. „Ich möchte ja aus dieser Hölle herauskommen."

„Dann danken Sie Gott gerade jetzt für das, was er in den nächsten Minuten an Ihnen tun wird. Danken Sie ihm auch für alles, was in Ihrem Leben geschehen ist und dazu gedient hat, Sie in diese Lage zu bringen."

„Moment mal!" Der Soldat sah mich ganz verwirrt an. „Sie meinen, ich solle Gott für alles danken, was bis zum heutigen Tag in meinem Leben passiert ist, auch dafür, daß ich süchtig bin?"

„Ist es nicht Ihre Sucht, die Sie zu ihm führt?" fragte ich. „Wenn Gott Sie heilt, Ihnen vergibt und Ihnen ein nagelneues, ewiges Leben mit Jesus gibt, meinen Sie nicht, daß Sie ihm dann für alles danken können, was Ihnen die Augen geöffnet hat dafür, daß Sie dringend einen Heiland brauchen?"

Wieder fiel mir der düstere, mißtrauische Blick des Soldaten auf.

„Darf ich mit Ihnen beten?" fragte ich. Er nickte.

Ich legte ihm die Hände auf und betete: „Lieber himmlischer Vater, ich danke dir, daß du diesen Jungen liebst und zu dir ziehst. Gib ihm jetzt durch deinen heiligen Geist den Glauben, daß du jeden dunklen, einsamen Augenblick in seinem Leben dazu benützt hast, ihn zu Christus zu führen."

Als ich zu Ende gebetet hatte, war sein Blick hell geworden.

„Es ist ganz sonderbar", sagte er, „aber irgendwie kann ich nun wirklich glauben, daß Gott alles Unschöne in meinem Leben mir zum Besten dienen läßt."

Seine Augen waren feucht, und dann neigte er sein Haupt aufs neue und bat Gott, ihm seine Rebellion zu vergeben und sein Leben in die Hand zu nehmen.

Was dann geschah, läßt sich mit Worten kaum beschreiben. Ich legte ihm die Hände auf und betete, daß Gott ihn heilen, ihm jegliches Verlangen nach Drogen nehmen und ihn statt dessen mit seiner Liebe erfüllen möge. Ich spürte, wie eine Kraft auf den jungen Soldaten überging. Sein Gesicht wurde strahlend wie das eines Kindes, und die Tränen liefen ihm über die Wangen.

„Es ist geschehen!" jubelte er. „Ich brauche jetzt keine Drogen mehr, Jesus lebt in mir!"

Für den jungen Soldaten war es der Augenblick der Wiedergeburt. Er würde nie mehr derselbe sein. Er war nun von neuem geboren — nicht, weil er die Gegenwart Jesu verspürte, sondern weil er sich entschlossen hatte, Gott zu vertrauen.

Wenn unser Verhältnis zu Gott von unseren Gefühlen abhängig wäre, dann läge die Entscheidung ja nicht bei uns, nicht wahr? Denn wir können uns ja nicht aussuchen, welche Gefühle wir haben möchten. Aber eines *können* wir uns aussuchen, wir können uns dazu entschließen, daß wir glauben und vertrauen wollen. Die Bibel sagt, daß wir durch den *Glauben* gerettet werden. Doch viele von uns haben eine ganz verzerrte Vorstellung vom Glauben.

„Ich habe einfach keinen Glauben", sagen wir und meinen damit eigentlich: „Ich *fühle* mich unsicher."

Glaube und Gefühle sind *nicht* dasselbe.

„Nun ist der Glaube die Gewißheit (die Bestätigung, die Eigentumsurkunde) der Dinge, die wir hoffen, der Beweis der Dinge, die wir nicht sehen, und die Überzeugung von ihrer Realität. Der Glaube nimmt als Tatsache wahr, was den Sinnen nicht offenbart ist"(Hebräer 11, 1 — wörtliche Übersetzung aus der englischen „Amplified Bible").

Der Glaube hat seinen Ursprung nicht in unseren Emotionen, in unseren Gefühlen oder in unseren Sinnen. Der Glaube ist vielmehr ein Willensakt. Wir entschließen uns, das als Tatsache wahrzunehmen, was unseren Sinnen *nicht* offenbart ist.

Durch den *Glauben* gerettet zu werden bedeutet, durch einen Willensakt — nicht durch unsere Emotionen oder Gefühle — Jesus Christus als unseren Heiland anzunehmen. Wir werden durch den Glauben wiedergeboren, durch den Glauben errettet, und das heißt: auf Grund der Verheißung Gottes glauben wir, daß es geschehen ist, nachdem wir Christus in unser Herz aufgenommen haben. Wir mögen uns vielleicht nicht errettet oder wiedergeboren *fühlen,* aber das ändert nichts an der Tatsache, daß wir es *sind.*

Wir haben bereits davon gesprochen, daß unser Verständnis dem Glauben so leicht zum Hindernis werden kann. Es ist aber genauso gefährlich, wenn wir versuchen, unseren Glauben an den Gefühlen zu messen. Wir haben Gefühl und Tatsache so lange miteinander vermischt, daß wir nicht mehr klar unterscheiden können zwischen dem, was wir *sind* und dem, was wir *fühlen.* Ich *fühle* mich krank, also *bin* ich krank. Doch unsere Gefühle sind wechselhaft und können durchs Wetter, durch die Ernährung, durch ungenügenden Schlaf oder durch die Launen des Chefs beeinflußt werden. Unsere Gefühle sind kein Prüfstein für Tatsachen. Wenn wir sie zum Maßstab unseres Verhältnisses zu Gott machen, kommen wir in Schwierigkeiten.

Jesus sagte: „Wenn ihr um etwas bittet, *glaubet,* daß ihr's empfangen habt." Wir können kein echtes Glaubensgebet sprechen, wenn wir die Resultate an unseren Gefühlen messen. Wir werden in der Bibel feststellen, daß Gott von uns oft gerade das Gegenteil verlangt von dem, was wir fühlen.

„Liebet eure Feinde", sagte Jesus.

Wußte er denn nicht, welche *Gefühle* wir unseren Feinden gegenüber hegen? Natürlich wußte er es; doch er möchte ja haben, daß wir uns nicht mehr von unseren Gefühlen leiten lassen. Wir können den Entschluß fassen, selbst unsere Feinde zu lieben.

Wir haben ferner die Freiheit, Gottes Wort als Tatsache für unser Leben zu akzeptieren — ohne Rücksicht darauf, was uns unsere

Emotionen, unsere Sinne, unser Intellekt und unsere Gefühle sagen wollen. Unser neues Leben in Jesus Christus ist ein Leben im *Glauben,* d. h. ein Leben frei von der Tyrannei unserer Emotionen, unseres Intellekts und unserer Sinne. Wir brauchen ihnen keine Aufmerksamkeit mehr zu schenken.

Gemäß der Bibel können wir: durch Glauben errettet, durch Glauben gerechtfertigt, durch Glauben beschützt werden; ferner können wir im Glauben wandeln, im Glauben stehen, im Glauben leben, durch den Glauben die Verheißungen Gottes erlangen, im Glauben reich sein, im Glauben beten, durch den Glauben die Welt überwinden und durch den Glauben Gott loben.

Das Erlebnis unserer Errettung wird in dem Moment zur vollbrachten Tatsache, wenn wir sie im Glauben annehmen. Gott schaut nicht auf unsere Gefühle, sondern auf die Entscheidung, die wir getroffen haben. Wir mögen von Zweifeln und Gefühlen hin- und hergeworfen werden, doch wenn wir Christus im Glauben angenommen haben, betrachtet Gott diesen Schritt als getan. Was immer du unmittelbar nach deiner Entscheidung fühlst oder nicht fühlst, hat nichts zu sagen. Gott hat die Übergabe deines Willens akzeptiert, und du bist wiedergeboren durch seinen heiligen Geist.

Ich mache mir Sorgen um Leute, die zu mir kommen und sagen: „Jetzt *weiß* ich einfach, daß Jesus mich angerührt hat, denn ich habe es gefühlt." Dieselben Leute kommen später wieder zu mir und sagen: „Ich bin nicht mehr so sicher, ob ich wirklich errettet bin; ich *fühle* Gottes Gegenwart nicht mehr."

Danke Gott, wenn du seine Gegenwart in wunderbarer Weise erlebt hast, aber mache deinen Glauben nicht davon abhängig, welche Gefühle du hast. Ein Christ, der seine emotionellen Erlebnisse zum Maßstab seiner Errettung macht, wird immer von Zweifeln geplagt sein.

Eine Frau schrieb mir einmal:

„Vor mehreren Jahren übergab ich mein Leben Jesus Christus, doch nichts geschah. Ich spürte rein gar nichts, und mit der Zeit verlor ich meine Hoffnung und hielt mich nicht mehr an das Versprechen, das ich Jesus gegeben hatte, daß ich nur noch für ihn leben wolle. Seither ist mein Leben fast unerträglich geworden. Ich leide so sehr an Depressionen, daß ich mir ernstlich Sorgen mache um meine Ehe . . . Ich habe Ihr Buch „Ich suchte stets das Abenteuer" gelesen und weiß, daß ich ein tiefes Verlangen nach Christus habe. Ich habe um Vergebung gebetet, und ich möchte mich ihm aufs neue übergeben. Ich nehme Jesus Christus als meinen persönlichen Heiland an und möchte so sehr an seinem Reich teilhaben; aber bis jetzt fühle ich mich noch kein bißchen anders ... Bitte beten Sie für mich, denn ich ertrage diese Gefühle nicht mehr lange ..."

Einen weiteren Brief bekam ich von einem jungen Mann im Gefängnis:

„Ich glaube an Jesus Christus und hoffe, daß ich es von ganzem Herzen tue. Vor zwei Jahren habe ich ihn als meinen Heiland angenommen. Mir war es wirklich ernst damit, und zwei Tage lang fühlte ich mich wunderbar. Aber dann rutschte ich wieder ab in mein altes Leben. Seither gab es Augenblicke, in denen ich wieder dieselbe Freude verspürte, aber diese hielt einfach nicht an. Ich möchte Gott dienen, aber irgendwie kann ich ihn einfach nicht finden. Ich habe Ihr Buch „Ich suchte stets das Abenteuer" gelesen, und ich weiß, daß ich das brauche, wovon Sie schreiben. Wie finde ich es nur? Meinen Sie, daß vielleicht mein Verlangen danach nicht groß genug ist? Was kann ich tun, daß dieses Verlangen größer wird? Ich habe mein Leben völlig verpfuscht. Der Weg, den ich jetzt gehe, ist sinnlos. Ich habe viele Bibelkurse mitgemacht, und trotzdem komme ich nicht weiter. Ich möchte Christus schrecklich gerne finden. Bald werde ich aus dem Gefängnis entlassen, und dann möchte ich mit seiner Liebe in die Welt hinausgehen. Bitte beten Sie für mich, daß ich ihn finde und die Freude erlebe, die er in der Bibel verheißen hat ..."

Ich habe Hunderte solcher Briefe erhalten, und überall, wo ich hinkomme, treffe ich Menschen, die nicht sicher wissen, ob sie einmal eine Begegnung mit Jesus hatten.

Der Grund für ihre Zweifel ist immer der gleiche: „Ich *fühle* nichts."

Sie sind Gefangene ihrer eigenen Gefühle und schenken diesen mehr Glauben als Gottes Wort. Haben wir uns einmal Jesus übergeben, sagt er von uns: „Ich gebe ihnen das ewige Leben, und sie werden niemals umkommen. *Keiner* kann sie mir aus den Händen reißen" (Johannes 10, 28).

Wie aber bekämpfen wir unsere Gefühle und Zweifel?

Paulus schrieb: „Ihr müßt dann aber auch im Glauben fest und unerschütterlich bleiben und dürft euch nicht von der Hoffnung abbringen lassen, die euch durch die Gute Nachricht gegeben ist. Überall in der Welt ist diese Gute Nachricht verkündet worden" (Kolosser 1, 23).

Wenn unser Glaube von Zweifeln und Gefühlen angegriffen wird, sollen wir fest und unerschütterlich auf Gottes Wort stehen.

Eine mir bekannte Frau hat einen sehr praktischen Weg gefunden, wie sie dies macht. Wenn Zweifel in ihr aufsteigen wollen, sucht sie in der Bibel nach einem Vers, der auf die betreffende Situation zutrifft. Dann schreibt sie sich diesen Vers ab, und wenn die Zweifel kommen, sagt sie sich diesen Vers immer wieder vor.

Als sie auch einmal wieder verzagt war, kam ihr folgender Gedanke: *Bist du sicher, daß Gott dein Gebet auch erhört hat, als du Jesus Christus als deinen Heiland angenommen hast?*

In ihrer Bibel fand sie diesen Vers: „Und dies ist die Zuversicht, die wir zu ihm haben, daß, wenn wir etwas nach seinem Willen bitten, er uns hört. Und wenn wir wissen, daß er uns hört, um was irgend wir bitten, so wissen wir, daß wir die Bitten *haben,* die wir von ihm erbeten haben" (1. Johannes 5, 14—15 — Elberf. Übers.).

Sie schrieb diese Schriftstelle ab und schrieb noch darunter: „Am 14. Januar 1969 bekannte ich meine Sünden und bat Jesus Christus, als Herr und Heiland in mein Leben zu kommen. Ich weiß, daß es geschehen ist, weil meine Bitte mit Gottes Plan und Wille für mein Leben im Einklang stand."

Sie steckte den Zettel an ihren Spiegel im Schlafzimmer, und sobald die Zweifel kamen, zeigte sie auf das Stück Papier und sagte laut: „Da steht es. Ich *weiß,* daß ich wiedergeboren bin. Ich *weiß,* daß Gott mich angenommen hat, weil ich an jenem Tag seinen Sohn als meinen Heiland angenommen habe. Darüber besteht jetzt kein Zweifel mehr."

Wenn über eine bestimmte Sünde, die sie bereits Gott bekannt hatte, Schuldgefühle auftraten, kam sie in die Versuchung, daran zu zweifeln, ob ihr diese Sünde auch wirklich vergeben wäre. Sie suchte in der Bibel nach einem Vers und schrieb dann auf: „Wenn wir aber unsere Schuld eingestehen, dürfen wir uns darauf verlassen, daß Gott Wort hält: Er wird uns dann unsere Verfehlungen vergeben und alle Schuld von uns nehmen, die wir auf uns geladen haben" (1. Johannes 1, 9).

Darunter schrieb sie diese Sünde, die sie bekannt hatte, mit dem Datum und den Worten: „Halleluja, sie ist mir vergeben!"

Allmählich verschwanden ihre Zweifel dann vollständig.

Zweifel und Gefühle kann man bekämpfen, indem man über seine Gebetserfahrungen Buch führt und sie mit dem Datum und mit einem Bibelvers versieht, der eine Verheißung Gottes enthält.

Bist du schon seit mehreren Jahren Christ, hast aber immer noch Zweifel bezüglich deiner Errettung oder deiner Übergabe, dann laß dich nicht mehr länger von deinen Zweifeln und Gefühlen zum Narren halten. Mache gerade jetzt ganz bewußt eine neue Übergabe und halte diese — mit dem heutigen Datum versehen — schriftlich fest. Manche Menschen notieren sich wichtige Ereignisse in ihrem geistlichen Leben auch in ihrer Bibel.

Das Leben des Christen ist ein stetes Wandern im Glauben. Es ist gut, wenn wir Buch führen über den Weg, den wir gegangen sind. Solche Aufzeichnungen können uns in dunklen Stunden, in denen wir das Gefühl haben, als ginge es keinen Schritt mehr vorwärts, nützliche Dienste leisten. Rückblickend können wir dann Gott für seine Führungen in unserem Leben Dank sagen.

Unser Glaube gründet sich auf Gottes Wahrheit, nicht auf unser Gefühl. Doch Gott verheißt uns natürlich auch mehr und mehr von seiner Freude und seinem Frieden, je länger wir mit ihm gehen. Freue dich, wenn das geschieht, aber freue dich auch, wenn du dich leer und ausgedörrt fühlst.

Dein Seelenheil bleibt trotzdem eine wunderbare Tatsache. Drehe den Schalter deiner Willenskraft in Gottes Richtung und sage: „Ich will glauben, Herr. Ich stelle mich auf dein Wort."

Befolge dies, und bald wirst du merken, daß deine frühere Gefühlsabhängigkeit allmählich verschwindet. Du bist dann frei und kannst glauben!

„Dann werdet ihr die Wahrheit verstehen", verhieß Jesus, „und die Wahrheit wird euch freimachen."

Akzeptiere Gottes Wort als Wahrheit — und du wirst frei!

III
Unbegrenzte Kraft

Was geschieht eigentlich, wenn wir unser Vertrauen auf Christus setzen?

„Gott ... hat uns durch Christus Anteil an der himmlischen Welt gegeben und uns mit der ganzen Fülle seiner Gaben beschenkt" (Epheser 1, 3).

Weil wir Christus angehören, sind wir Kinder Gottes. Wir sind in sein Reich eingegangen, und alle Macht, alle Privilegien, alle Rechte, die den Kindern Gottes gehören, sind nun unser.

Wieviel Reichtum hat der Vater im Himmel doch für uns bereit: „Die ganze Fülle seiner Gaben." Nicht weil wir in unserer eigenen Kraft dazu würdig wären, *sondern weil wir Christus angehören.*

Ein kleines Kind braucht sich nicht selbst zu strecken, damit es wächst. Es braucht auch nicht artig zu sein, um sich die tägliche Betreuung und Pflege zu verdienen. Es wird von seinen Eltern gefüttert, gekleidet, geliebt und gepflegt — einfach deshalb, weil es ihr Kind ist. Sie kennen seine Bedürfnisse ganz genau und sorgen dafür, daß es das bekommt, was es braucht. Solange das Kind seine Nahrung zu sich nimmt und die notwendige Ruhe und Bewegung hat, wächst es ganz von allein, ohne daß es selbst irgendwelche Anstrengungen macht.

Kein normales Kind würde Nahrung und Schlaf verweigern mit der Begründung: „Ich bin noch nicht so weit, Mutti. Ich muß mich erst noch etwas strecken; wenn ich dann ganz allein fünf Zentimeter gewachsen bin, dann bin ich zum Essen bereit."

Doch genauso verhalten sich viele Christen. Gott hat alle Vorkehrungen getroffen; er hält all das bereit, was wir zum Wachstum benötigen: Nahrung, Ruhe, Pflege. Doch wir stehen in der Ecke und mühen uns ab in dem Versuch, selbst etwas zu wachsen, damit wir würdig werden, von ihm etwas zu empfangen. Gott hat uns das schon längst abgenommen, lange bevor du und ich geboren waren.

„Schon bevor er die Welt schuf, hat er uns geliebt. Schon damals hat er uns in Christus dazu ausgewählt, sein Volk zu sein. Er wollte, daß wir heilig ... dastehen" (Epheser 1, 4).

Halten wir hier einen Augenblick inne. Wer steht vor ihm *heilig* da? Kennst du einen Christen, der schon heilig ist? Wenn nicht, denkst du vielleicht, Gott sei mit seinem Plan im Rückstand? Hat er aus dir schon einen *heiligen* Menschen gemacht?

Wir lesen weiter: „... und fehlerlos ..."

Meinst du, Gott habe ursprünglich die Christen heilig und fehlerlos haben wollen und habe nun bei all den Menschen, die du kennst, ganz jämmerlich versagt?

Aber lesen wir noch ein Stückchen weiter: „... vor ihm" (oder wie es in der englischen Übersetzung heißt: „in seinen Augen"). Gott wollte, daß wir heilig und fehlerlos seien „vor ihm". *Er* sieht uns anders. Er allein hat die Kraft, den neuen Menschen zu sehen. Wer kann schon mit den Augen Gottes sehen? Niemand außer Gott. Er hat eine neue Natur geschaffen zu seiner Ehre und ihm zum Lob.

Wenn andere auf dich blicken, sehen sie dich vielleicht so, wie du immer warst. Aber sie sind ja nicht Gott. Du betrachtest dich im Spiegel und bist überzeugt, daß du nicht heilig und fehlerlos bist; aber vergiß nicht, *du* bist nicht Gott.

Wagst du zu behaupten, Gott könne nicht sehen, was er sehen wolle? Was ist dir wichtiger: daß du dich selber heilig siehst oder daß Gott dich heilig sieht? Tausende, ja Millionen von Christen versuchen, sich in eine heilige Form zu zwängen, um von anderen oder von sich selbst gesehen zu werden. Wenn ihnen dies dann nicht gelingt — was unvermeidlich kommen muß —, werden sie entmutigt und verzagt. Überall im Land habe ich ihre unglücklichen Gesichter gesehen, und oft genug habe ich diese Bekenntnisse des Versagens gehört, so daß ich, noch ehe sie anfangen zu reden, weiß, was sie sagen wollen.

Wie konnte Gott nur das Unglaubliche zustandebringen, daß wir in seinen Augen heilig dastehen? Paulus sagt: „Wir, die wir vor ihm stehen mit seiner Liebe angetan." Ein Mantel der Liebe! Er bedeckt uns damit und schaut uns dann an. Was sieht er nun? Seine eigene Liebe!

Andere sehen dich, wie du bist. Du selbst siehst dich, wie du bist. Gott sieht seine eigene Liebe! Ist das nicht genug, um in dir die Freudenglocken zum Klingen zu bringen und deine Klagen in Dank und Lobpreis zu verwandeln?

Weshalb tat Gott etwas so Herrliches für uns? Weshalb nur? „Es war sein freier Entschluß“ (Epheser 1, 5). Für Paulus ist dies eine Tatsache. Es *war* sein freier Entschluß, uns in den Mantel seiner Liebe einzuhüllen. Glaubst du nicht, daß er das Recht und die Autorität hat, uns *alles* zu geben, was er geben möchte? Die ganze Fülle seiner Gaben? Ein unermeßliches Geschenk?

Warum hat *er* sich wohl entschlossen, dies selbst zu tun? Ich bin überzeugt, daß nur auf diese Weise die Vollkommenheit seines Werkes gesichert war. Hätte er sich dabei auf dich und auf mich verlassen müssen, hätte er seinem Sohn wohl nie etwas Würdiges darbringen können. Das Endprodukt sollte ja zu Gottes Ehre und nicht zur Ehre des Menschen sein.

Paulus schrieb: „Denn wir sollten ein Lobpreis seiner Herrlichkeit sein“ (Epheser 1, 12).

Wenn wir uns vollständig auf das verlassen, was Christus für uns getan hat, sind die Resultate herrlich.

„Weil wir uns auf diesen Herrn verlassen, dürfen wir zuversichtlich und vertrauensvoll vor Gott treten“ (Epheser 3, 12).

Zu viele Gebete werden in falscher Demut und Zurückhaltung dargebracht. Wir brauchen uns doch bei Gott nicht dafür zu entschuldigen, daß wir Menschen sind. Er hat Milliarden von Menschen beobachtet und kennt alle unsere Schwächen zur Genüge. Nun sollen wir glauben, daß wir durch Christus das *Recht* haben, uns ihm zu nahen und ihn um das zu bitten, war wir brauchen.

Gott möchte uns mit *Gutem* segnen; er möchte, daß wir glücklich sind, und das ist für die Christen manchmal schwer zu verstehen. Ich wuchs in armen Verhältnissen auf, und unsere Familie erhielt oft mildtätige Gaben. Ich selbst wollte nie etwas von den Leuten annehmen, wenn ich nicht absolut sicher war, daß sie es *gerne* gaben. Ich wollte mir alles, was ich bekam, zuerst verdienen. Dies übertrug sich dann auch auf mein Verhältnis zu Gott. Irgendwie fiel es mir schwer, zu glauben, daß Gott mir mehr geben wollte, als ich im Moment benötigte. *Warum auch?* überlegte ich, *er hat doch keinen Anlaß dazu.* Mein Blick für Gottes grenzenlose Liebe und seine Fürsorge für mein Wohlergehen war ziemlich eingeengt.

Als ich später als Militärgeistlicher in Fort Benning stationiert war, passierte es mir einmal, daß ich mich auf einer Dienstreise weit entfernt in einem anderen Staat befand und keinerlei Möglichkeit hatte, rechtzeitig an meinen Dienstort zurückzukehren, um meinen

Pflichten nachzukommen. Wegen schlechten Wetters fiel der Flug aus, mit dem ich hatte zurückfliegen wollen, und mit der nächsten Maschine hätte ich es nicht mehr rechtzeitig geschafft. Mit dem Wagen zu fahren, war ein Ding der Unmöglichkeit. Nun saß ich fest und war recht unglücklich darüber. Während meiner ganzen Tätigkeit als Pfarrer hatte ich nur immer dann Einladungen zu Vorträgen angenommen, wenn ich dadurch meine Verpflichtungen bei der Armee nicht vernachlässigen mußte. Aber heute sah es tatsächlich so aus, als würde ich einmal nicht rechtzeitig zum Dienst erscheinen können.

Ich betete: „Herr, du weißt, daß ich noch nie zu spät gekommen bin; ich lege jetzt diese ganze Situation in deine Hände. Ich weiß, du hast einen vollkommenen Plan für mich. Ich danke dir und weiß, daß du mir gibst, was ich brauche."

Bei der Versammlung, bei der ich sprach, traf ich einen Piloten der Luftwaffe. Er war auf einem nahegelegenen Stützpunkt stationiert, und als er von meiner Misere erfuhr, sagte er: „Ich werde meinen Kommandeur anrufen und sehen, was sich machen läßt."

Der Kommandeur ging auf seine Bitte ein. „Aber natürlich. Ich benötige ohnehin noch einige Flugstunden und werde den Pfarrer recht gerne nach Fort Benning fliegen. Bringen Sie ihn morgen früh um sechs Uhr zum Fliegerhorst."

Ich verbrachte die Nacht als Gast im Pilotenheim, und am nächsten Morgen um sechs Uhr gingen wir auf den Flugplatz hinaus. Ich fühlte mich erfrischt und freute mich, daß Gott für mich gesorgt hatte. Allerdings wußte ich noch nicht, wie reichlich er gesorgt hatte.

Ich ließ den Blick über den Flugplatz schweifen und sah dort riesige viermotorige Maschinen stehen. Aber nirgends erspähte ich eine kleine Maschine, wie sie für diesen Kurzflug in Frage kam. Ich rechnete mit einem kleinen Flugzeug, nicht zu komfortabel, nur eben gerade ausreichend, um mich noch rechtzeitig nach Hause zu bringen. Mehr brauchte ich ja nicht, dachte ich.

Auf einmal blieb der Pilot stehen und sagte: „Hier sind wir, Herr Pfarrer! Bitte gehen Sie an Bord." Ich sah hoch, und vor mir stand das größte Flugzeug auf dem ganzen Rollfeld. Ein Riesenvogel!

Das kann doch nicht für mich sein, Herr, dachte ich. Ungläubig stieg ich die Stufen hoch und folgte dem Besatzungsmitglied, das mir einen komfortablen Platz anwies. Ich war der einzige Passagier! Das Flugzeug war mit allem nur erdenklichen Komfort ausgestattet. Dies war kein Transport- oder Frachtflugzeug.

Der Kommandeur kam zurück, stellte sich vor und sagte, er hoffe, daß ich einen angenehmen Flug haben werde. Ich brachte kaum ein paar Worte des Dankes heraus, so war ich überwältigt. Ich wußte, daß Gott für dieses Flugzeug gesorgt hatte, damit ich rechtzeitig nach Fort Benning zurückkäme. Aber warum denn diese riesige Luxusmaschine? Warum hatte er nicht einfach ein kleines, geeignetes Flugzeug ausgesucht?

Ich fühlte mich recht unwert, und der Gedanke schoß mir durch den Sinn, daß ein solch großes Flugzeug doch eine ganz schöne Verschwendung sei.

„Was hat das alles nur zu bedeuten, Herr?" fragte ich ganz verblüfft.

„Nur, daß ich dich liebe", kam die knappe Antwort. „Ich wollte dir zeigen, daß ich auf diese Weise für alle meine Kinder sorge, die sich mir anvertrauen."

„Langsam verstehe ich, Herr", sagte ich nachdenklich, während die Freude in mir hochstieg.

„Sage allen Menschen, die dich hören, daß sie für jede Einzelheit in ihrem Leben dankbar sein sollen. Ich werde dann des Himmels Fenster auftun und mehr Güte herabschütten, als sie je erbitten oder erhoffen können."

„Dank sei dir, Herr", sagte ich stillvergnügt vor mich hin.

„Und vergiß nicht", fuhr die Stimme fort, „du bist meine Segnungen nie wert. Du kannst sie dir nie erarbeiten oder verdienen. Ich muß dir alles als Geschenk geben. Es ist nur meine Güte, daß du diese Segnungen bekommst, und du mußt lernen, dies zu verstehen und zu akzeptieren."

Wenn ich mit einer Verkehrsmaschine reiste, landete ich gewöhnlich 15 km von meiner Dienststelle entfernt; doch diese riesige, viermotorige Maschine landete direkt in Fort Benning, nur einige hundert Meter von meiner Dienststelle entfernt. Als ich das Gebäude betrat, sah ich auf die Uhr. Ich war *genau* rechtzeitig angekommen, nicht eine Minute zu früh und nicht eine Minute zu spät.

Gott sorgt in der Tat für uns, und er tut es reichlich und umsonst. Wir brauchen nur darum bitten. Die *allererste* Gabe, um die seine Kinder bitten sollen, ist die Taufe im heiligen Geist.

Jawohl, die Taufe im heiligen Geist ist die erste Nahrung für wiedergeborene Gläubige, die sie zum Wachstum brauchen.

Der heilige Geist macht in dem Gläubigen in dem Moment Wohnung, in dem er Jesus Christus als seinen Heiland annimmt. Er ist jetzt durch den Geist geboren. Aber Jesus gebot seinen Jüngern, daß sie auch noch warten sollten, bis sie mit dem heiligen Geist *getauft* seien. Erst dann könnten sie seine Zeugen sein und die Gute Nachricht mit Kraft und Vollmacht verbreiten.

Die Jünger warteten in Jerusalem, wie es ihnen Jesus befohlen hatte. Am Pfingsttag geschah dann folgendes: „Plötzlich rauschte es vom Himmel wie bei einem Sturm. Das Rauschen erfüllte das ganze Haus, in dem sie waren. Dann sahen sie etwas, das sich wie Feuerzungen verteilte und sich auf jeden von ihnen niederließ. Alle wurden von Gottes Geist erfüllt und begannen in verschiedenen Sprachen zu reden, jeder wie es ihm der Geist Gottes eingab" (Apostelgeschichte 2, 2—4).

Dies war der Anfang der christlichen Kirche. Die schüchternen Jünger Christi waren nun verwandelt in furchtlose, kühne Zeugen; sofort fingen sie an, die Gute Nachricht mit Kraft und Vollmacht zu verkündigen, und die gleichen Wunder, die Christus gefolgt waren, folgten nun ihnen.

Jesus sagte: „Wahrlich, wahrlich, ich sage euch: Wer an mich glaubt, der wird die Werke auch tun, die ich tue, und wird größere als diese tun, denn ich gehe zum Vater" (Johannes 14, 12 — Luther-Übersetzung).

Menschen wurden zu Tausenden gläubig und zur Gemeinde hinzugetan, und wenn wir die Apostelgeschichte lesen, stellen wir fest, daß die Taufe im heiligen Geist gewöhnlich sofort nach der Bekehrung folgte. Als Petrus dem Hause des Kornelius in Cäsarea Philippi predigte, fiel der heilige Geist auf seine Zuhörer, gleich nachdem sie die Botschaft von Jesus Christus angenommen hatten (Apostelgeschichte 10, 44).

Als das Evangelium in Samaria gepredigt wurde, nahmen viele Samariter Jesus als ihren Heiland an und ließen sich im Wasser taufen.

Dann wurden Petrus und Johannes von Jerusalem ausgesandt, und als sie in Samaria ankamen, „beteten sie für die Getauften um den Geist Gottes" (Apostelgeschichte 8, 15).

Petrus und Johannes sagten den Neubekehrten nicht, sie sollten noch eine Zeitlang warten, in der Heiligen Schrift forschen, beten und sich innerlich darauf vorbereiten. Den Aposteln aus Jerusalem war es vielmehr ein großes Anliegen, daß diese jungen Christen den heiligen Geist sofort empfingen, denn sie „legten ... ihnen die

Hände auf, und sie wurden von Gottes Geist erfüllt" (Apostelgeschichte 8, 17).

Die Taufe mit dem heiligen Geist ist jedem Menschen verheißen, der an Jesus Christus glaubt. Jesus sagte: „‚Wer durstig ist, soll zu mir kommen und trinken — *jeder,* der mir vertraut! Denn in den heiligen Schriften heißt es: Aus seinem Innern wird lebendiges Wasser strömen.' Jesus meinte damit den Geist, den die erhalten sollten, die ihm vertrauten" (Johannes 7, 37—39).

Die Taufe im heiligen Geist ist eine Gabe, die uns umsonst dargereicht wird. Sie kann nicht verdient werden. Jesus, der uns das Heil gibt, gibt uns auch den heiligen Geist.

„Ich werde den Vater bitten, daß er euch einen Stellvertreter für mich gibt, den Geist der Wahrheit, der für immer bei euch bleibt" (Johannes 14, 16—17).

Jesus ist derjenige, der den heiligen Geist sendet; er tauft uns im heiligen Geist.

Gott sprach zu Johannes dem Täufer, als dieser im Jordan taufte: „Wenn du einen siehst, auf den sich der Geist niederläßt und bei dem er bleibt, dann weißt du: das ist der, der mit dem heiligen Geist tauft" (Johannes 1, 33).

Warum mühen sich nun aber so viele Christen so verzweifelt ab, wenn sie die Taufe im heiligen Geist empfangen wollen? Im ganzen Land habe ich diese Menschen gesehen — unglücklich, mit traurigem Gesicht.

„Wo fehlt es bloß bei mir?" so fragen sie. „Bin ich es denn nicht wert? Bin ich noch zu schwach? Ich brauche doch so dringend die Kraft Gottes in meinem Leben."

Einmal schrieb mir eine Sonntagsschullehrerin:

„Ich brauche die Kraft des heiligen Geistes in meinem Leben. Ich strenge mich so sehr an, daß ich gehorsamer und Christus ähnlicher werde. Ich habe gedacht, daß ich vielleicht die Bibel zu wenig lese und stehe deshalb jetzt früher auf, lese eine Stunde in der Bibel und bete dann noch eine halbe Stunde. Trotzdem habe ich keine Kraft in meinem Leben und habe auch die Taufe im heiligen Geist noch nicht empfangen. Ich habe alle Sünden bekannt, die mir eingefallen sind. Ich bin seit zwanzig Jahren gläubig, aber ich habe einen so großen Mangel an göttlicher Kraft, daß ich mich manchmal frage, ob ich überhaupt bekehrt bin . . ."

Solche Leute gleichen kleinen Kindern, die in der Ecke stehen und versuchen, sich zu strecken und zu wachsen, damit sie die köstliche Mahlzeit essen können, die für sie bereitsteht. Sie werden von schrecklichen Hungergefühlen gequält, aber sie wollen nicht essen, bevor sie diese Hungergefühle überwunden haben.

Die Christen der Urgemeinde hatten dasselbe Problem. Auch sie meinten, sie müßten zuerst besser werden, um die Gaben Gottes empfangen zu können.

Paulus schrieb an sie:

„Ihr unvernünftigen Galater! Wer hat euch derart verblendet? ... Sagt mir nur das eine: Hat Gott euch seinen Geist gegeben, weil ihr das Gesetz befolgt habt oder weil ihr die Gute Nachricht gehört habt und auf Jesus Christus vertraut? Warum begreift ihr denn nicht? Was der Geist Gottes in euch angefangen hat, das wollt ihr jetzt aus eigener Kraft zu Ende führen?" (Galater 3, 1—3).

Die Galater hatten bereits den heiligen Geist empfangen, und zwar deshalb, weil sie Jesus Christus in bezug auf ihre Errettung vertraut hatten. Doch nun waren sie in Versuchung gekommen, zu meinen, für ihr geistliches Wachstum seien sie jetzt selbst verantwortlich, und hatten sich deshalb von dem Leben im Glauben abgewandt.

Hochmut und die Versuchung, den Verdienst für das geistliche Wachstum sich selbst zuzuschreiben, lauern auf die Gläubigen aller Reifegrade. Satan tritt gewöhnlich mit zwei verschiedenen Versuchungen an uns heran. Entweder flüstert er uns zu: „Sieh doch, wie geistlich du bist! Streng dich nur noch ein wenig an, dann wirst du noch *mehr* Kraft erhalten", oder aber er sagt: „Sieh doch, wie schwach und elend du bist! Kein Wunder kann Gott dir nicht mehr von seinen Segnungen anvertrauen."

Ob du dich wegen deiner geistlichen Errungenschaften lobst oder aber wegen deiner Fehler Selbstkritik übst — es kommt immer auf das gleiche heraus. Du übernimmst die Verantwortung für deine Würdigkeit selbst, anstatt sie auf Gott zu legen — wo sie hingehört.

Ein Prediger hatte eine Schwäche, die er nicht überwinden konnte, er mochte sich noch so sehr anstrengen. Schließlich landete er wegen erwiesener Fälschung im Gefängnis. Er war wiedergeborener Christ und war nun wegen seines Vergehens ganz niedergeschmettert. Er tat über seine Sünde aufrichtig Buße und konnte es auch im Glauben fassen, daß Gott ihm vergeben hatte. Doch war er davon überzeugt, daß Gott ihn nie mehr im Dienst der Seelenrettung würde gebrauchen können.

Eines Tages sandte ihm ein Freund das Buch „Ich suchte stets das Abenteuer“. Da las er nun, daß Gott denen, die ihn lieben, alles zum Besten dienen lassen wird — auch die Fehler. Mit neuer Hoffnung wagte er es, Gott für seine eigenen Fehler und für seine Haftstrafe zu danken. Dann schrieb er mir: „Preis sei Gott, mein Leben ist vollständig verwandelt. Das alte Bedauern, die Schuldgefühle und die Gewissensbisse, die mich so lange gefangenhielten, sind weg. Ich kann nun Gott loben und ihm danken für jedes Ereignis in meinem Leben. Nie zuvor hatte ich die Breite und Tiefe von Gottes Barmherzigkeit richtig verstanden. Früher einmal hatte ich gemeint, ich sei selbst so gut, deswegen würde Gott mich gebrauchen. Aber welche Freude ist es, daß ich nun meinem alten stolzen Ich absterben darf, damit Christus — und nichts als Christus — in mir leben kann.“

Die Gefängniszelle des Predigers wurde bald zu einem Tempel der Danksagung, und andere Gefangene wurden durch sein Zeugnis zu Christus geführt.

Wenn wir uns selbst oder andere nach Werturteilen einstufen und meinen, davon hänge es ab, inwieweit Gott uns in seinem Dienst gebrauchen könne, dann gehen wir in eine gefährliche Falle. Jesus warnte seine Nachfolger davor, indem er sagte: „Richtet, kritisiert und verurteilt andere nicht, damit ihr nicht selbst gerichtet, kritisiert und verurteilt werdet.“

Gott allein hat das Recht zu richten, und er hat bereits eindeutig gesagt, daß wir in seinen Augen heilig und fehlerlos sind, wenn er uns mit dem Mantel seiner Liebe bedeckt hat.

Dürfen wir es da noch wagen, selbst Maßstäbe aufzustellen, an denen wir uns und andere messen? Nur Gott hat das Recht, über unsere Sünden zu Gericht zu sitzen. Wie gut oder schlecht wir oder andere sind, darüber hat allein Gott zu entscheiden.

Bei unserer Beurteilung anderer Menschen gehen wir oft völlig fehl. Wir beurteilen die andern nach der Art ihrer Kleidung, nach der Art der Filme, die sie sich ansehen, oder danach, ob sie rauchen oder trinken.

Nach welchen Gesichtspunkten würden wir zum Beispiel einen Sonntagsschullehrer auswählen, wenn wir zwei Christen zur Wahl hätten? Nehmen wir an, der eine hätte eine Normalfigur, wir wüßten aber, daß er raucht. Der andere würde mindestens zweieinhalb Zentner wiegen, trüge aber stets ein freundliches Lächeln und vergäße nie, seine Bibel mit in den Gottesdienst zu bringen.

In der Sonntagsschulklasse sollte nun das Thema: „Wie erlange ich Selbstdisziplin als Frucht des heiligen Geistes?“ behandelt werden. Welchen dieser beiden Gläubigen würdest du zu diesem Zweck auswählen?

Rauchen ist eine schlechte Gewohnheit, ist für unsere Gesundheit schädlich und zeugt von mangelnder Selbstdisziplin. Aber auch die Schlemmer werden in der Bibel in einem Atemzug mit den Säufern genannt; sie sagt, daß beide die Todesstrafe verdienen! (5. Mose 21, 20—21.) Der Schlemmer verkürzt sein Leben, und das gleiche tut der Raucher.

Ich möchte hier keineswegs anregen, daß wir nun die Übergewichtigen und die Raucher richten; wir haben keinerlei Recht, andere zu richten.

Als die Frau, die im Ehebruch ertappt worden war, zu Jesus gebracht wurde, sagten die jüdischen Schriftgelehrten und die Pharisäer zu ihm: „‚In unserem Gesetz schreibt Mose vor, daß eine solche Frau gesteinigt werden muß. Was sagst du dazu?‘ Jesus antwortete: ‚Wer von euch noch nie gesündigt hat, der soll den ersten Stein auf sie werfen‘“ (Johannes 8, 7).

Wer von uns hat das Recht, Steine der Kritik, der Verurteilung und der Verdammung zu werfen? Wenn wir anfangen abzuwägen, wie gut oder wie schlecht wir sind, tun wir es nur, um unseren geistlichen Stand mit unseren guten Werken anstatt mit unserem Glauben zu rechtfertigen.

Wenn wir die Begriffe „Glaube“ und „Werke“ diskutieren, zitiert gewöhnlich jemand den Vers: „Denn wir sind sein Werk, geschaffen in Christus Jesus zu guten Werken, welche Gott zuvor bereitet hat, daß wir darin wandeln sollen“ (Epheser 2, 10 — Luther-Übers.).

Kommt hier nicht klar zum Ausdruck, daß wir wiedergeboren sind, um gute Werke für Gott zu tun?

Sehen wir uns einmal die beiden Verse an, die diesem vorausgehen: „Denn aus Gnade seid ihr gerettet worden durch den Glauben, und das nicht aus euch: Gottes Gabe ist es, nicht aus den Werken, auf daß sich nicht jemand rühme“ (Epheser 2, 8—9).

Meint Paulus damit nicht, daß wir zwar durch den Glauben errettet sind, aber von da an auf eigenen Füßen stehen müssen? Aber das wäre ja ganz unverständlich, nicht wahr?

Etwas weiter vorne in diesem Brief an die Epheser sagte Paulus: „Gott wollte, daß wir heilig und fehlerlos vor ihm dastehen“ und daß uns die ganze Fülle seiner Gaben geschenkt ist.

Was meinte also Paulus damit? Vielleicht hatte er eine ganz andere Vorstellung von den „Werken", als wir sie haben.

Jakobus schrieb: „Was hilft's, liebe Brüder, so jemand sagt, er habe Glauben, und hat doch keine Werke? Kann auch der Glaube ihn selig machen? . . . Ist nicht Abraham, unser Vater, durch Werke gerecht geworden, als er seinen Sohn Isaak auf dem Altar opferte?" (Jakobus 2, 14.21).

Was waren das nun für gute Werke? War es das, daß Abraham auf einen Berg zog, bereit, seinen einzigen Sohn auf den Altar zu legen, weil Gott ihm das befohlen hatte? War dies besonders deswegen ein gutes Werk, weil es sich gerade um den Sohn handelte, durch den Gott Abraham Segen verheißen hatte und durch den er ihm eine zahllose Nachkommenschaft geben wollte?

Jakobus fuhr fort und schrieb: „Da siehest du, daß der Glaube zusammengewirkt hat mit seinen Werken und durch die Werke der Glaube vollkommen geworden ist, und so ist die Schrift erfüllt, die da spricht: ‚Abraham hat Gott geglaubt, und das ist ihm zur Gerechtigkeit gerechnet', und ward ‚ein Freund Gottes' geheißen" (Jakobus 2, 22—23 — Luther-Übersetzung).

Was für „gute Werke" sollen wir also tun? Die Jünger stellten Jesus einmal die gleiche Frage: „Was sollen wir tun, daß wir Gottes Werke wirken?"

„Jesus antwortete und sprach zu ihnen: Das ist Gottes Werk, daß ihr an den glaubet, den er gesandt hat" (Johannes 6, 28—29 — Luther-Übersetzung).

Genau das tat Abraham. Abrahams „gutes Werk" war, daß er Gott die Einlösung seiner Verheißungen zutraute. Er wurde in seinem Glauben nie unsicher. Und deshalb machte Gott Abraham auch zum Vater Israels.

Jesus verhieß seinen Nachfolgern, daß sie größere Werke tun würden als er, und wir wissen, daß seine Jünger, nachdem sie die Taufe im heiligen Geist empfangen hatten, mit Vollmacht und mitfolgenden Zeichen und Wundern das Wort verkündigten.

Ihr Teil, den sie zu den großen Werken beitragen mußten, war der *Glaube*. Die Macht, Wunder zu wirken, gehörte nicht ihnen; sie kam von Gott und wirkte durch sie, weil sie glaubten.

Weit verbreitet ist die falsche Auffassung über die Taufe im heiligen Geist, nämlich, daß *wir* durch die Geistestaufe Kraft bekämen, daß *wir* dadurch gestärkt würden, daß sie *unsere* Kraft und

Fähigkeit im Dienst für Gott vermehrte und daß *wir* dadurch zu geistlichen Riesen würden.

Nichts könnte der Wahrheit weniger entsprechen als diese Ansicht. Wozu brauchen wir denn die Geistestaufe?

Die Taufe im heiligen Geist soll bewirken, daß wir *abnehmen,* damit mehr von Gottes Gegenwart und Kraft in uns wohnen und durch uns fließen kann.

Paulus schrieb: „Gott kann unendlich viel mehr an uns tun, als wir jemals erbitten oder auch nur ausdenken können. So *mächtig* ist die *Kraft,* mit der er *in uns* wirkt" (Epheser 3, 20).

Es ist Gott, der das Werk in uns vollbringt, und deshalb ist es verständlich, daß er um so mehr in uns tun kann, je mehr wir ihm vertrauen und je weniger wir uns auf uns selbst verlassen.

Was *ist* nun eigentlich diese Taufe im heiligen Geist?

Jesus bezeichnet den heiligen Geist oft als den Geist der Wahrheit. „Wenn der Geist der Wahrheit kommt, wird er euch in die ganze Wahrheit einführen" (Johannes 16, 13).

Der Geist der Wahrheit lebt in *allen* Gläubigen und leitet sie, aber im Geist der Wahrheit getauft sein, bedeutet noch viel, viel mehr. Das Wort, das in der Bibel mit „taufen" übersetzt ist, heißt eigentlich soviel wie „untertauchen, durchtränken", und im Griechischen wird das gleiche Wort auch für den Ausdruck „voll Wasser gesogen" verwendet.

Wenn wir also Jesus bitten, uns im heiligen Geist zu taufen, bedeutet das, daß wir uns ihm übergeben, damit wir mit seiner Wahrheit durchtränkt, vollgesogen werden.

Jesus betete für uns zum Vater mit den Worten: „Heilige sie in der Wahrheit; dein Wort ist die Wahrheit" (Johannes 17, 17 — Luther-Übersetzung).

Die Taufe im heiligen Geist ist ein reinigendes, läuterndes, entblößendes Erlebnis; man wird dadurch dem Scheinwerfer der göttlichen Wahrheit vollständig ausgesetzt und bis in die kleinsten Winkel unseres Herzens hinein durchleuchtet. Durch die Geistestaufe sollen wir entleert werden von unserem übermäßigen Selbstvertrauen, von unserem Hochmut, von unserer Unaufrichtigkeit, von den kleinen fragwürdigen Dingen und den Ausreden, an die wir uns so fest klammern — kurz, von all den Dingen, die unseren Glauben blockieren und das Hereinströmen von Gottes Kraft und Gegenwart in unser Leben verhindern.

Die Taufe in oder mit dem heiligen Geist erfüllt einen zweifachen Zweck: die Reinigung und Zubereitung des Gefäßes, damit es Gottes Kraft *aufnehmen* kann, und dann die *Erfüllung* mit Kraft. Die beiden Ereignisse finden gleichzeitig statt, weil der heilige Geist, wenn er anfängt, unser Wesen zu durchdringen, all den Unrat und den Schutt, den wir in uns angehäuft haben, bloßlegt und aus dem Herzen hinauswirft.

Jesus sagte: „Aber ihr werdet Kraft empfangen, *wenn* der heilige Geist auf euch gekommen ist" (Apostelgeschichte 1, 8 — Elberf. Übersetzung).

Er wollte damit nicht sagen, daß diese Kraft uns gehört, sondern sie soll uns erfüllen und durch uns wirken. Wir sind die Behälter, die Gefäße, die Kanäle. Mögen wir uns auch noch so anstrengen, zum Inhalt werden wir nie. Wir sind wie Gläser, die erquickendes Wasser enthalten. Das Wasser kann den Durst löschen, aber mit einem leeren Glas wäre niemandem gedient.

Paulus schrieb: „Ich bin nur ein zerbrechliches Gefäß für einen so kostbaren Inhalt. Man soll ganz deutlich sehen, daß die übermenschliche Kraft von Gott kommt und nicht von mir" (2. Korinther 4, 7).

W. nn wir meinen, wir bräuchten diese Taufe im heiligen Geist nicht, bringen wir damit zum Ausdruck, daß wir es nicht nötig haben, von Gottes Wahrheit gereinigt, durchdrungen und darin eingetaucht zu werden, und daß wir auch nicht das Wirken seiner Kraftfülle in und durch uns brauchen.

Jesus sagte seinen Nachfolgern: „Ist unter euch ein Vater, der seinem Sohn eine Schlange geben würde, wenn er um einen Fisch bittet? Oder einen Skorpion, wenn er um ein Ei bittet? (Natürlich nicht!) So schlecht, wie ihr seid, wißt ihr doch, was euren Kindern gut tut. Wieviel mehr wird der Vater im Himmel denen seinen Geist geben, die ihn darum bitten" (Lukas 11, 11—13).

Wir dürfen also Jesus um die Taufe im heiligen Geist bitten und dabei *wissen,* daß er sie uns gibt.

Jede Woche erreichen mich Briefe von Leuten, die schreiben, sie hätten Gott angefleht um die Taufe im heiligen Geist, aber es sei nichts geschehen. Woran liegt das nun? Es liegt daran, daß sie auf ihre Gefühle achten und nicht auf Gottes Wahrheit. *Immer* sind die Gefühle das Hindernis.

Wie alle anderen Gaben Gottes, so muß auch die Taufe im heiligen Geist im *Glauben* empfangen werden. Das bedeutet, daß du vielleicht gar nichts fühlst, wenn es geschieht. Der Glaube ist ein Willensakt und nicht ein Eingehen auf Gefühle.

Nun haben natürlich manche Menschen ein starkes gefühlsmäßiges Erleben, wenn sie die Taufe im heiligen Geist empfangen, genauso wie es bei manchen Menschen bei der Bekehrung zu einem intensiven emotionellen Erleben kommt. Doch unsere Bekehrung hängt nicht von Gefühlen ab, und auch unsere Geistestaufe geschieht unabhängig davon. Welche äußeren Sinneswahrnehmungen nun auch immer mit deiner Geistestaufe einhergehen oder auch nicht einhergehen mögen, eines ist sicher: diese Sinneswahrnehmungen sind *nicht* die Geistestaufe. Die Geistestaufe ist eine *innere* Verwandlung.

Die Bibel lehrt uns, daß als *Resultat* dieser inneren Verwandlung immer eine Fülle von sichtbaren Beweisen folgt. Vermehrte Kraft und Vollmacht im Zeugendienst für Christus, die Betätigung der Gaben des heiligen Geistes durch uns, vermehrte Frucht des Geistes — Liebe, Freude, Friede. Alle diese Dinge erleben wir zwar mit unseren Sinnen, aber sie folgen uns nur, wenn wir Gottes Wahrheit akzeptieren, sie lassen sich nicht an unseren Gefühlen messen.

Wir müssen uns dazu entschließen, daß wir Gottes Wort im Glauben annehmen und uns bewußt abwenden von der Beachtung unserer Gefühle. Tun wir das nicht, werden wir nie von unserem Glauben Gebrauch machen können.

Sage Gott, daß du ihn beim Wort nehmen *willst,* daß du glauben *willst,* daß Jesus dich tauft, wenn du ihn darum bittest. *Stehe* fest im Vertrauen und *sei überzeugt,* daß es geschehen ist.

Ein junger Mann schrieb mir:

„Ich beabsichtige, im Herbst aufs Seminar zu gehen, aber meinem geistlichen Leben fehlt die Kraft. Ich besuche einen christlichen Kreis, und die Leute dort haben die Taufe im heiligen Geist erlebt. Sie beten und reden in Zungen, und es geschehen auch Wunder und Krankenheilungen. Ich bin überzeugt, daß dies alles richtig und biblisch ist. Auch ich habe darum gebetet, aber aus irgendwelchen Gründen habe ich bisher nichts empfangen. Ich weiß, daß die Gaben des heiligen Geistes nicht zu unserem persönlichen Vergnügen gegeben werden, sondern zu der Arbeit, die wir für Gott tun sollen. Gott hat mir dieses Erlebnis noch nicht anvertraut. Ich frage mich, woran das liegen mag. Ich glaube an den Herrn Jesus Christus als meinen Heiland und möchte ihm von ganzem Herzen dienen. Ich habe ihm das oft gesagt. Ich habe meine Sünden bekannt, in der

Gemeinde und auch im persönlichen Gebet, und ich weiß, daß der Herr mir vergeben und mich gereinigt hat. Ich möchte Christus dienen und brauche die Taufe im heiligen Geist, um dies mit Erfolg tun zu können. Warum ist es noch nicht geschehen? Habe ich etwas falsch gemacht, daß Gott mein Gebet nicht erhört?

Gestern kniete ich mich in unserem Gebetskreis hin und betete um den Empfang der Taufe im heiligen Geist. Mehrere legten mir die Hände auf und beteten mit mir, daß ich die Geistestaufe empfinge. Aber ich spürte überhaupt nichts . . . Bitte beten Sie für mich."

Es kommt nicht darauf an, wo du bist und welche Worte du gebrauchst, wenn du um die Taufe im heiligen Geist bittest. Es kommt nicht darauf an, ob du allein bist oder ob noch jemand unter Handauflegung mit dir betet. Die Taufe im heiligen Geist ist eine persönliche Angelegenheit zwischen dir und dem Täufer, Jesus Christus.

Du brauchst nur *einmal* darum zu bitten, und dann danke Gott, daß er deine Bitte gehört und erhört hat. Wenn du letzte Woche darum gebetet hast, und es ist scheinbar nichts geschehen, dann läßt du dich von deinen Gefühlen zum Narren halten. Jesus hat sein Teil bereits getan; nun liegt es an dir zu glauben, daß es vollbracht ist.

Vielleicht spürst du nichts, aber es gibt ein greifbares Resultat, das du sofort in Anspruch nehmen und erleben kannst. In der Apostelgeschichte wird berichtet, daß die Gabe des Zungenredens der Taufe im heiligen Geist unmittelbar folgte. Es war die *erstmalige* Betätigung einer christlichen Gabe durch die frisch getauften Gläubigen.

Als ich Jesus um die Taufe im heiligen Geist bat, spürte ich nicht das geringste. Eine Frau legte mir die Hände auf und betete mit mir in Zungen, doch erlebte ich damals keine besonderen Gefühle und dachte deshalb, es sei auch nichts geschehen. Die Frau sagte mir, ich solle die Geistestaufe im Glauben annehmen, nicht auf die Gefühle achten und Gott danken, daß er es schon getan habe. Das tat ich auch, kam mir dabei aber etwas lächerlich vor. Dann sagte die Frau, ich könne in Zungen reden, wenn ich nur den Mund öffnen und die Sprache herausfließen lassen würde. Ich zögerte etwas, denn ich dachte, nun würde ich mich erst recht lächerlich machen. Ich wußte jedoch auch, daß die Bibel sagt, Zungenreden *sei* eine Gabe des heiligen Geistes, und da ich ja jetzt mit dem heiligen Geist erfüllt war — ob ich mich so fühlte oder nicht —, durfte ich auch erwarten, daß der heilige Geist in mir und durch mich wirkte. Ich merkte, daß sich in meinen Gedanken seltsame „Worte“ bildeten, und öffnete den Mund, um diese auszusprechen. Es hörte sich töricht an, und ich reagierte sofort mit dem Gedanken: *Das machst du selbst, Merlin; du redest ja nur dummes Zeug daher.* Aber dann sah ich ein, daß das Reden *im Glauben* keine Beurteilung der Resultate mit dem Verstand erlaubte. Ich entschloß mich deshalb, Gottes Wort zu akzeptieren und nicht auf das zu achten, was *ich* dachte.

Ich spürte immer noch nichts, aber ich hatte mich ja jetzt zum *Glauben* entschlossen. Der erste Beweis, den ich mit meinen Gefühlen registrieren konnte, war das überwältigende Bewußtsein, daß Jesus Christus mein Heiland und Herr ist. Ich wußte vom Wort Gottes her, daß der heilige Geist gesandt war, um von Jesus zu zeugen, und plötzlich war ich mehr denn je von dem überzeugt, was Jesus war und was er mir bedeutete. Der zweite fühlbare Beweis war eine große Liebe, die ich mit einem Mal für die Menschen empfand. Auch das war im Wort Gottes vorausgesagt. Liebe ist eine Frucht des heiligen Geistes.

Seit jenem Erlebnis habe ich auch noch die Betätigung anderer Gaben des heiligen Geistes in mir und durch mich erfahren. *Mir* wurde nicht die Fähigkeit verliehen, Kranke zu heilen, Wunder zu vollbringen oder zu weissagen. Ich *glaube* nur, daß Gott in der Kraft des heiligen Geistes durch mich wirkt, wenn ich im Glauben etwas wage und erwarte, daß er das Werk tut.

Wenn jemand geheilt wird, nachdem ich ihm die Hände aufgelegt und mit ihm gebetet habe, ist es nicht deshalb geschehen, weil ich etwa besonders geistlich wäre. Ich bin nur ein Kanal. Wenn ich bete, *spüre* ich manchmal die Gegenwart der Heiligungskraft Gottes, aber manchmal spüre ich auch rein gar nichts.

Die Resultate sind nie abhängig von unseren Gefühlen, nur immer von unserem Glauben, d. h. von unserem bewußten Entschluß zu glauben, daß Gott am Werk ist.

Wenn du den Mund auftust und anfängst, im Glauben in Zungen zu reden, wirst du wahrscheinlich auch in Versuchung kommen, so zu denken, wie ich einmal dachte, nämlich, man würde selbst etwas produzieren. Laß dich aber von diesen Gedanken nicht zum Narren halten und nicht davon abbringen, im Glauben zu handeln.

Wenn du dich und deine Zunge aufrichtigen Herzens Gott übergeben hast und ihn bittest, der heilige Geist möge dir die rechten Worte zum Gebet schenken, dann darfst du zuversichtlich damit rechnen, daß er genau das tun wird, mögen dir diese Laute auch seltsam vorkommen. Es kommt ohnehin nicht auf die Worte an, sondern auf die Tatsache, daß der heilige Geist durch uns direkt zu Gott betet.

Aber weshalb dann überhaupt beten — sei es in Zungen oder in Deutsch —, wenn Gott doch ohnehin weiß, was wir bedürfen, ehe wir ihn bitten?

Wir beten, weil dies Gottes Plan für seine Kinder und auch sein ausdrücklicher Befehl an uns ist.

„Betet ohne Unterlaß" (1. Thess. 5, 17 — Luther-Übersetzung).

Es ist außerordentlich wichtig, daß wir täglich uns die Zeit nehmen, um in Zungen zu beten. Überlegen wir uns doch, was dies in Wirklichkeit bedeutet: der heilige Geist der Wahrheit redet durch uns.

Jesus verhieß: „Wer an mich glaubt, wie die Schrift sagt, von des Leibe werden Ströme lebendigen Wassers fließen" (Johannes 7, 38 — Luther-Übersetzung).

Er sprach von den Strömen der Wahrheit, die aus unserem Leben zu anderen hinfließen würden. Aber überlegen wir uns einmal, was die Wahrheit zunächst in uns bewirken muß: die Wahrheit ist jene Kraft, die unseren gebundenen Geist freimacht; sie bringt jede verborgene Lüge ans Licht, deckt jede Schuld und jede Furcht auf, legt all die dunklen Gebiete aus unserer Vergangenheit bloß, die noch irgendwo in unseren Erinnerungen — tief unten in unserem Unterbewußtsein — verborgen liegen. *Mit unserem Verständnis* könnten wir nicht einmal anfangen, mit Gott über diese Dinge zu reden; und das ist einer der Gründe dafür, daß Gott diese neue Dimension im Gebet *geschaffen hat.*

Wenn wir aber in Zungen reden, steht unser Geist direkt mit Gott in Verbindung. Der heilige Geist betet dann *für* uns, und wir umgehen so das Kontrollzentrum unseres eigenen kritischen Verständnisses. Wir sprechen Worte aus, die wir nicht verstehen, aber der heilige Geist durchforscht dabei die Tiefen unseres Herzens. Deshalb kommt dem Zungenreden eine solch große Heilungskraft in unserem Leben zu. Später werden wir dann feststellen, daß wir, wenn wir mit anderen Menschen in Zungen beten, direkt für Bedürfnisse beten, von denen unser Verständnis keine Ahnung hat; und oft wissen die Menschen, mit denen wir beten, selbst nicht, was die eigentliche Ursache ihres Problems ist.

Eine Hausfrau, die schon seit früher Jugend unter seelischen und emotionellen Problemen litt, nahm Christus als ihren Heiland an. Doch erlebte sie keine Befreiung von den inneren Spannungen, die sie plagten. Sie las in der Bibel alle die Schriftstellen, die sich auf die Taufe im heiligen Geist beziehen, und kam zu der Überzeugung, daß Gott ihr dieses Erlebnis schenken wollte.

Eines Tages kniete sie in ihrem Wohnzimmer und betete: „Ich übergebe dir mein ganzes Leben, Jesus. Reinige mich von allem, was nicht von dir ist, und taufe mich in deinen heiligen Geist. Ich danke dir und glaube, daß das Werk getan ist."

Sie hatte in keiner Weise ein gefühlsmäßiges Erleben und erhob sich von den Knien, um wieder ihrer Hausarbeit nachzugehen. Doch während der nächsten drei Wochen ging etwas Ungewöhnliches in ihr vor. Fast ständig mußte sie weinen, und es war ihr, als durchlebte sie noch einmal die frühen Jahre ihrer unglücklichen Kindheit. Längst vergessene Erlebnisse wurden in ihrer Erinnerung wach: Dinge, die andere ihr zugefügt und die Wunden und Furcht hinterlassen hatten, und auch Dinge, die sie in verletzender Absicht anderen zugefügt hatte. Mit jeder Erinnerung floß ein Strom von Bußtränen über ihre Wangen, und sie bat Gott, ihr selbst und auch denen zu vergeben, die sie verletzt hatten, und ihr verwundetes Herz mit seiner Liebe zu heilen.

Für alle ihre Tränen fand sie nur eine Erklärung, nämlich den Vers in ihrer Bibel, in dem es heißt: „Der Geist Gottes kommt uns dabei zu Hilfe. Wir sind schwach und wissen nicht einmal, wie wir im Gebet zu Gott sprechen sollen. Darum tritt der Geist bei Gott für uns ein und vertritt uns mit unaussprechlichem Seufzen" (Röm. 8, 26 — Die Gute Nachricht und Luther-Übersetzung).

Nach den Stunden der Buße fühlte sie sich zunehmend entspannter. Am Ende der dritten Woche kam dann ein Abend, an dem sie so bitterlich weinen mußte, daß sie meinte, es müsse ihr das Herz brechen.

„Ich hatte das Empfinden, als kämen diese Weinkrämpfe aus dem tiefsten Inneren meines Herzens", erinnerte sie sich später. „Dann plötzlich ließ das Weinen nach, wie wenn ein Gewitter vorüberzieht und dann eine herrliche Ruhe eintritt. Ich ruhte in diesem Frieden, als mir plötzlich bewußt wurde, daß ein warmes, weiches Licht von oben her mich durchströmte. Ich konnte es mehr spüren als sehen, und ich wußte, daß es die Liebe Gottes war, die mich umgab und festhielt . . ."

Viele ihrer Spannungen waren nun weg — doch nicht alle. Während der nächsten Tage war es ihr leichter ums Herz denn je zuvor, und sie sang, während sie ihre Hausarbeit verrichtete oder zum Einkaufen in die Stadt fuhr. Immer wieder sang sie einen einfachen Chorus, den sie auch ihren Kindern beigebracht hatte. „Oh, ich liebe Jesus, oh, ich liebe Jesus . . .“ Das Lied hatte für sie auf einmal eine ganz neue und tiefere Bedeutung gewonnen.

Eines Nachmittags fuhr sie auch wieder in die Stadt und merkte plötzlich, daß sie zu dieser Melodie Worte sang, die ihr völlig fremd waren.

„Ich wußte erst nicht, was geschah“, erzählte sie später. „Ich hatte nie besonders darauf geachtet, was die Bibel über das Zungenreden sagt, aber nun sang ich in einer neuen Sprache, und mir wurde plötzlich klar, daß es nichts Selbstgemachtes war, sondern etwas mit der Taufe im heiligen Geist zu tun hatte.“

Sie sang nun täglich in neuen Zungen, und als die Wochen und Monate vergingen, verschwanden auch ihre früheren Spannungen und ihr seelisches Leiden.

„Der Psychiater hatte mir gesagt, ich müßte mich eben damit abfinden, daß ich seelisch ein Krüppel bleiben würde“, sagte sie, „aber Preis sei Gott, daß er mich geheilt hat. Ich habe mich gesund gesungen — mit Zungengesang!“

Wenn du um die Geistestaufe gebetet hast, darfst du auf Grund von Gottes Wort glauben, daß es getan ist. Du kannst gerade jetzt deinen Mund auftun und die Worte oder Laute aussprechen, die dir in den Sinn kommen, in dem Vertrauen, daß es der heilige Geist ist, der dir die Worte eingibt.

Gott wird dich nicht zwingen, in Zungen zu reden. Mit der Taufe im heiligen Geist hat er dir die Fähigkeit gegeben, in Zungen zu reden, aber nur, wenn du das willst. Es ist dein Mund, deine Zunge und deine Stimme, die du dazu benützt, und du kannst anfangen und aufhören zu reden, wenn du willst. Wenn du keinerlei Gefühle und Empfindungen dabei hast, dann danke Gott für diese fehlenden Gefühle. Eines Tages *wirst* du etwas empfinden; bis dahin gibt er dir eine wunderbare Gelegenheit, im Glauben zu wachsen.

Lies in deiner Bibel all das nach, was Jesus über den heiligen Geist zu sagen hatte. Lies, was in der Apostelgeschichte und in den Briefen an die jungen Gemeinden über den heiligen Geist, über die Gaben des Geistes und über die Frucht des Geistes geschrieben steht. Alles das kannst du auch für dich in Anspruch nehmen.

Erwarte, daß diese Dinge auch in deinem Leben geschehen. Sage Gott, daß du willig bist, dich als Kanal seiner Liebe benützen zu lassen, und daß du auch bereit bist, im Glauben hinauszutreten, sobald Gott dir die Gelegenheit dazu gibt.

Preise Gott in allen Lebenslagen, ob sie dir angenehm oder unangenehm erscheinen; traue Gott zu, daß er sie dazu benützt, seinen wunderbaren Plan für dein Leben zur Entfaltung zu bringen.

IV
Achtet es für lauter Freude!

„Meine Brüder! Freut euch, wenn ihr auf die verschiedenste Weise auf die Probe gestellt werdet. Denn ihr wißt, wenn euer Glaube die Probe besteht, gibt er euch Standhaftigkeit. Achtet aber darauf, daß eure Standhaftigkeit durchhält und nicht nachläßt. Dann werdet ihr vollkommen und untadelig sein, und euch wird nichts mehr fehlen" (Jakobus 1, 2—4).

Gott hat einen ganz besonderen Plan für dein Leben. Dieser fing schon damals an, als er dich erschuf. Mit liebender Hand formte er dich, sorgfältig darauf bedacht, daß jede Einzelheit genau seinem Plan entsprach. Alles sollte genauso sein, wie er es haben wollte: dein Aussehen, deine Fähigkeiten, dein Geburtsort, die Familie, in die du hineingeboren oder auch nicht hineingeboren wurdest. Bis zum heutigen Tage ist nichts, aber auch gar nichts in deinem Leben durch Zufall geschehen. Er suchte dich und zog dich zu sich durch Umstände, die er gerade zu diesem Zweck zuließ. Du wurdest wiedergeboren, empfingst neues Leben durch seinen heiligen Geist, als du seinen Sohn Jesus Christus als deinen Heiland annahmst, und dann wurdest du getauft, durchdrungen mit dem heiligen Geist. Und nun ist es Gottes Plan, dich vollkommen und untadelig zu machen.

„Denn auf Grund unseres Glaubens hat er uns in diese Stellung höchsten Vorrechts gebracht, in der wir jetzt stehen, und mit Zuversicht und Freude rechnen wir damit, daß wir tatsächlich all das werden, was Gott für uns geplant hat" (Römer 5, 2 — wörtliche Übersetzung aus der englischen „Living Bible").

Gott möchte, daß wir etwas *werden.*

Aber das wissen wir doch bereits! Gott möchte, daß wir liebevoller, freundlicher, geduldiger werden, daß wir mehr Glauben, mehr Frieden, mehr Güte, mehr Freundlichkeit, mehr Demut, mehr

Selbstbeherrschung bekommen, damit wir überall, wo wir sind, seine Zeugen sein können. Stimmt das etwa nicht?

Natürlich, aber die meisten von uns meinen, das bedeute, wir müßten jetzt ein hartes Programm zur Selbstbesserung starten und versuchen, uns selbst liebevoller, freundlicher, geduldiger, demütiger, gütiger und selbstbeherrschter zu machen. Und je mehr wir uns anstrengen, desto enttäuschter werden wir.

Gott muß die Veränderung in uns vornehmen. Er erwartet von uns die Übergabe und das Vertrauen, daß er uns verwandeln kann.

„Brüder, weil Gott so viel Erbarmen mit uns hatte, rufe ich euch zu: Stellt euch Gott ganz zur Verfügung. Das ist das Opfer, das ihm gefällt; darin besteht der rechte Gottesdienst. Richtet euch nicht nach den Maßstäben dieser Welt. Laßt euch vielmehr innerlich von Gott umwandeln und euch eine neue Gesinnung schenken. Dann könnt ihr erkennen, was Gott von euch will. Ihr wißt dann, was gut und vollkommen ist und Gott gefällt" (Römer 12, 1—2).

Wie bringt Gott diese Veränderung in uns zustande? *Wie* räumt er auf mit dem schablonenhaften Denken und Handeln, das uns seit Jahren zur Gewohnheit geworden ist, mit den Merkmalen, die wir als „Charaktereigenschaften" oder „persönliche Neigungen und Abneigungen" oder „Vorliebe" oder „unumstößliche Ansichten" bezeichnen, die sich aber bei genauerem Hinsehen — unter dem Scheinwerfer von Gottes heiligem Geist der Wahrheit — als Teil unseres ichbezogenen, defensiven, selbstsüchtigen Wesens entpuppen, das uns seit Jahren von der Liebe Gottes und der Liebe anderer Menschen trennt?

Welche Methoden wendet Gott an, um in uns eine solche Verwandlung zu bewirken?

„Auf daß euer Glaube rechtschaffen und viel köstlicher erfunden werde als das vergängliche Gold, das durchs Feuer bewährt wird, zu Lob, Preis und Ehre, wenn offenbart wird Jesus Christus" (1. Petrus 1, 6—7 — Luther-Übersetzung).

So wächst also unser Glaube! Und wir lesen etwas weiter vorne, wie Geduld, Beharrlichkeit und Standhaftigkeit wachsen, wenn unser Leben voll von Schwierigkeiten, Versuchungen und Problemen ist.

Manche Leute haben zu mir gesagt: „Wenn man nur auf diese Weise mehr Glauben und mehr Geduld bekommen kann, dann kann ich auch mit etwas weniger auskommen!"

Wenn du auch so denkst, dann nur deswegen, weil du nicht wirklich Gott vertraust. Tief im Innersten hast du deine Zweifel an Gottes Liebe und seinem Plan für dein Leben.

Als Gott seinem Propheten Jeremia zeigte, daß er mit den Juden auf Lebenszeit in die babylonische Gefangenschaft gehen müsse, sprach Gott folgende Worte: „Denn ich weiß, was für Gedanken ich über euch habe, spricht der Herr, Gedanken des Friedens und nicht des Leides, euch eine Zukunft und eine Hoffnung zu geben" (Jeremia 29, 11 — Schlachter-Übersetzung).

Die Leidensjahre in Babylon waren Teil von Gottes Plan für Jeremia und die Juden. Es war ein guter Plan, der beste Plan, darauf zugeschnitten, ihnen eine Zukunft und eine Hoffnung zu geben.

Gottes Plan für dich und für mich ist ein guter Plan. Kannst du ihm das glauben?

Warum kann denn unser Glaube in angenehmen, bequemen Verhältnissen nicht wachsen? Er kann auch da wachsen, wenn wir ihm vertrauen und uns mehr und mehr auf seine Verheißungen verlassen. Aber die Läuterung, die Prüfung unseres Glaubens muß durch Umstände bewirkt werden, die unsere Entschlossenheit zum Glauben, zum Vertrauen, zum völligen Sichverlassen auf Gottes Wort — *trotz* dem, was uns unsere Sinne sagen wollen — herausfordern. Lange genug haben wir unser Vertrauen auf unsere Sinne, unsere Gefühle, unseren Intellekt gesetzt und bekamen von dort her unseren Glauben diktiert. Von dieser Gewohnheit müssen wir uns losreißen lassen, wenn wir echten Glauben praktizieren wollen. Bedenken wir stets: Glaube ist der bewußte Entschluß, etwas zu glauben, was wir nicht sehen und wofür wir auch keinerlei spürbare Anzeichen haben.

Wenn uns nun Gott sagt, daß er alles zum Besten hinausführt, wir sehen aber, daß uns alles zuwiderläuft, dann wächst unser Glaube, wenn wir auf Gottes Wort stehen und ihm für alles danken, was geschieht.

Wie nahm deiner Meinung nach wohl Abrahams Glaube zu?

Hättest du den Glauben, mit deinem einzigen Sohn einen Berg zu besteigen — bereit, ihn auf Gottes Befehl hin auf dem Altar zu opfern? Könntest du da noch glauben, daß Gott gerade durch diesen Sohn deine Nachkommen segnen und machen wird wie den Sand am Meer? Nehmen wir einmal an, du wärest Abrahams Freund gewesen, hättest du dann für sein tolles Glaubenswagnis

Gott loben können in dem Glauben, daß Gott dennoch alles zum Besten hinausführen würde — selbst wenn Abraham einen Fehler gemacht hätte?

Gott allein kann uns von innen her erneuern und umformen. Unsere Aufgabe ist es, dem Rat von Paulus an die Römer Folge zu leisten und uns ihm völlig zu übergeben in dem Glauben, daß er alles in die Hand nehmen wird. Und dann dürfen wir mit Freuden, mit Loben und Danken alle Umstände akzeptieren, die Gott dazu benützt, diese Verwandlung in unserem Leben herbeizuführen.

Wir kennen das klassische Beispiel von jenem Pastor, der um mehr Geduld betete und am nächsten Tag feststellen mußte, daß seine langjährige, tüchtige Sekretärin krank geworden war. Die Dame, die die Vertretung übernahm, stellte sich bald als so langsame Bürokraft heraus, wie sie der Pastor noch selten gesehen hatte. Eine Zeitlang schimpfte und kochte er im stillen vor Wut, doch schließlich erkannte er, daß die neue Sekretärin ja die Antwort auf sein Gebet war. Wie hätte er auch sonst mehr Geduld lernen können? Er fing an, Gott zu danken und ihn zu loben, daß er diese Sekretärin für ihn ausgesucht hatte, und bald machte sie beachtliche Fortschritte.

Glaube und Geduld sind wesentliche Merkmale des christlichen Wandels und Zeugnisses; doch darüber hinaus gibt es noch eine Eigenschaft, die wir unbedingt haben müssen, wenn wir nicht das Ziel der Guten Nachricht verfehlen wollen.

„Bemüht euch also darum, daß euch Liebe geschenkt wird", schrieb Paulus an die Korinther (1. Korinther 14, 1).

„Wenn ihr einander liebt, dann werden alle erkennen, daß ihr meine Jünger seid" (Johannes 13, 35).

„Dies ist mein Gebot: Ihr sollt einander so lieben, wie ich euch geliebt habe ... damit ... eure Freude vollkommen wird", sprach Jesus (Johannes 15, 12.11).

Liebe ... Liebe ... Liebe ... Als Christen reden wir viel davon: *Gott ist die Liebe, Jesus liebt dich, ich liebe dich.* Aber wenn es darauf ankommt, daß wir einander wirklich von Herzen lieben, dann versagen wir jämmerlich.

Jesus sagte: „Dies ist mein *Gebot:* Ihr sollt einander so lieben, wie ich euch geliebt habe" (Johannes 15, 12).

Die Liebe bedeutet uns mehr als alles andere auf dieser Welt. Wir wurden dazu geschaffen, Gott zu lieben und uns untereinander zu lieben. Wenn wir nicht lieben, hat dies für unseren inneren Zustand schreckliche Folgen. Wir sind dann schnell gekränkt, reizbar, fürchten uns voreinander, sind gehässig und von Schuld geplagt.

Unsere verletzten Gefühle, unsere Furcht und unsere Verkrampfung, unser Verteidigungsmechanismus, unsere zerstörende Handlungsweise — all das hat seinen Ursprung in unserem Mangel an Liebe.

Erzieher, Psychologen, Soziologen und Fachleute auf allen möglichen anderen Gebieten sagen uns, welch außerordentlich wichtige Rolle die Liebe in der Entwicklung des Menschen spielt.

Eine Liebe, die den anderen akzeptiert und ihm vertraut, ist geduldig, gütig, nie selbstsüchtig oder neidisch, prahlt nicht und spielt sich nicht auf. Sie ist nicht taktlos oder reizbar, trägt keinem etwas nach und achtet nicht darauf, wenn sie ungerechterweise leiden muß. Eine Liebe, die treu ist, das Beste glaubt und das Beste erwartet, freut sich nie, wenn der andere ungerechterweise leidet, und ist immer glücklich, wenn die Wahrheit die Oberhand behält. Eine solche Liebe hält unter allen Umständen durch, ohne schwach zu werden.

Eine solche Liebe hat auch Gott zu uns, und die gleiche Liebe sollen wir untereinander haben. Dies ist die Liebe, die alte Wunden heilt, Furcht austreibt und Haß und alten Groll zum Schmelzen bringt. Dies ist die Liebe, die uns inwendig gesunden läßt und uns befähigt, wieder zu lieben — ohne Furcht vor Abweisung oder Kränkung.

Dies ist die Liebe, die die Griechen „agape" nannten — eine bewußte, durchdachte, beabsichtigte, geistige Hingabe. Diese Liebe ist eine Frucht des heiligen Geistes, und wenn sie voll ausgereift ist, ist sie das Licht, durch das andere zu der Quelle — zu der Liebe Gottes in Christus Jesus — hingezogen werden.

Jede einzelne der Gaben und Offenbarungen des heiligen Geistes wird zu dem besonderen Zweck gegeben, uns zu zeigen, wie sehr er uns liebt und sich um jedes einzelne unserer Bedürfnisse kümmert. Gott heilt, weil er liebt; er vollbringt Wunder, weil er liebt. Gott *ist* Liebe, und seine Macht in uns und durch uns ist Liebe — eine übernatürliche, göttliche, äußerst persönliche Liebe jedem einzelnen Wesen seiner Schöpfung.

Seine Botschaft an die Welt ist eine Botschaft der Liebe, und wir sollen seine Botschafter sein, Kanäle seiner Liebe. Damit dies erreicht werden kann, umfaßt sein Plan auch *unsere* Umgestaltung in Menschen, die ein liebendes Herz haben.

Wenn wir aber diese Liebe nur von Gott bekommen können, wenn sie eine Frucht des heiligen Geistes ist, wie kann Jesus uns dann gebieten zu lieben? Müssen wir nicht warten, bis er uns die Liebe gibt? Wiederum haben wir hier eine Verheißung in Gottes Wort, die wir im Glauben annehmen müssen.

Liebe ist eine Frucht des Geistes, und Gottes Wort sagt, daß der heilige Geist in uns wohnt. Deshalb dürfen wir damit rechnen, daß die Liebe in unserem Leben vorhanden ist. Wir haben die Fähigkeit zum Lieben bekommen, müssen dies aber im Glauben ergreifen und uns dazu entschließen, diese Liebe zu praktizieren.

Vergessen wir nicht, „agape" ist eine bewußte, beabsichtigte Liebe. Wir sollen einander lieben, selbst wenn uns nicht danach zumute ist.

Wenn wir im Glauben heraustreten und uns entschließen, gemäß Gottes Wort zu handeln, was geschieht dann? Wir wissen, daß durch unseren Glaubensschritt Gottes übernatürliche Macht der Liebe frei wird, und diese Macht fängt an, uns zu verwandeln. Sie macht uns zu Menschen, die mehr lieben, und geht auch auf den Menschen über, den wir bewußt lieben *wollen*.

Wie geht das nun in der Praxis eigentlich vor sich?

Ich hatte zu Gott um mehr Liebe gebetet und war zu der Überzeugung gekommen, daß ich nicht gerade ein liebloser Mensch sei. In der Tat erlebte ich es auf meinen Reisen immer wieder, wenn ich Tausenden von Menschen diente, daß sie alle gesegnet wurden und ich immer mehr Liebe zu ihnen verspürte.

Dann stand ich eines Tages einer Person gegenüber, die so erbärmlich und ekelerregend aussah, daß ich bei ihrem Anblick zusammenzuckte. Zu meinem Schrecken stellte ich fest, daß ich für dieses Geschöpf kein bißchen Liebe empfand, sondern nur den Wunsch hatte, sie möge doch so schnell wie möglich wieder verschwinden.

Der Freund dieses Mädchens — ein Soldat — hatte sie zu mir in mein Büro gebracht. Das Gesicht der jungen Frau war mit altem Makeup und Schmutz verklebt, das Haar hing ihr in steifen Strähnen auf die Schulter, und ihre Kleidung war schmierig und zerrissen. Ihre schmutzigen Beine wiesen zahllose Narben auf, und der widerliche Geruch, der von ihr ausging, erfüllte den ganzen Raum. Aus ihren dick verschwollenen Augen sah sie mich mit düsteren, haßerfüllten Blicken an.

Dieses arme Ding war nach Fort Benning gekommen, um dem Soldaten zu sagen, daß sie ein Kind von ihm erwarte. Der junge Mann gab zwar die Vaterschaft zu, hatte ihr aber rundheraus erklärt, daß er sie nicht heiraten werde. Die junge Frau war daraufhin in Wut geraten und hatte gedroht, ihn und sich umzubringen. Aus einer früheren Ehe hatte sie bereits ein Kind und war nun entschlossen, entweder zu heiraten oder aber zu sterben.

Ich sah sie an und mußte denken, daß ich noch nie einen so wenig liebenswerten, verzweifelten, verängstigten und einsamen Menschen gesehen hatte. Der bloße Gedanke daran, daß ich mit ihr beten sollte, war mir anstößig. Ich wollte sie gar nicht berühren.

„Herr", schrie ich im Inneren, „warum hast du sie zu mir gebracht?"

„Sie ist eines meiner Kinder", kam die Antwort, „sie ist verloren und braucht meine Liebe und meine Heilung. Ich habe sie hierhergebracht, damit du ihr Liebe erzeigst und ihr von meiner Liebe erzählst."

Plötzlich kam mir die schmerzliche Erkenntnis. Ich hatte mich gerühmt, ein Mensch zu sein, der Liebe besitzt, doch jetzt zuckte ich beim bloßen Anblick eines Menschen zusammen, der doch so dringend der Liebe bedurfte.

„O Herr", schrie ich im Herzen, „vergib mir, und ich danke dir auch, daß du mir gezeigt hast, wie oberflächlich und selbstsüchtig meine Liebe noch ist. Nimm meine Lieblosigkeit fort und fülle mich mit deiner Liebe zu diesem Mädchen."

Das Mädchen schluchzte, und ihre Augen blickten stumpf unter den mit Wimperntusche verschmierten, geschwollenen Lidern hervor.

„Bitte, Sir", sagte sie, „unternehmen Sie etwas."

„Glauben Sie an Gott?"

Sie nickte und flüsterte: „Ja."

„Glauben Sie, daß er Ihnen helfen kann?"

Zögernd sagte sie: „Ich weiß, daß er mir helfen *kann*, aber ich glaube nicht, daß er es tun will. Ich war einmal gläubig, aber schauen Sie mich jetzt an. Selbst wenn er mir helfen wollte, gäbe es doch keinen Weg, mich aus diesem Elend herauszubringen."

„Gott *kann* Ihnen helfen, und er *will* Ihnen helfen", sagte ich mit einer Gewißheit, die ich kein bißchen empfand.

Sie schüttelte den Kopf und ließ die Schultern in völliger Hoffnungslosigkeit herabfallen.

„Bitte", sagte ich, „versuchen Sie doch zu verstehen, daß Gott Sie liebt. Er wird Sie mit seiner Freude und seinem Frieden erfüllen und jede einzelne Ihrer Nöte stillen, noch ehe Sie heute mein Zimmer verlassen."

Mit offenem Mund starrte mich das Mädchen an, und der Soldat sah aus, als ob er meinte, ich wolle ihn zwingen, seine Freundin zu heiraten.

„Gott hat Sie heute hierhergeführt", fuhr ich fort. „Er hat alle diese Schwierigkeiten in Ihrem Leben zugelassen, damit Sie verstehen würden, wie sehr er Sie liebt. Er hat einen wunderbaren Plan für Ihr Leben, und wenn Sie anfangen, ihm zu vertrauen und ihm für alles zu danken, was Ihnen widerfahren ist, dann werden Sie feststellen, daß Gott Ihnen gerade jetzt hilft."

„Ihm danken für das?" Plötzlich blitzten ihre Augen wieder vor Zorn. „Ich will ja nur, daß mich dieser Mann hier heiratet, damit mein Kind einen Namen bekommt."

„Sehen Sie her." Ich zeigte ihr den unterstrichenen Vers in meiner aufgeschlagenen Bibel. „Seid dankbar in allen Dingen; denn das ist der Wille Gottes in Christus Jesus" (1. Thessalonicher 5, 18 — Luther-Übersetzung). Dann schlug ich Römer 8, 28 auf. „Wir wissen aber, daß denen, die Gott lieben, alle Dinge zum Besten dienen." (Luther.)

Voll Mißtrauen starrte sie mich an, und plötzlich wurde mir klar, wie zwecklos es war, zu diesem verwundeten, verletzten Geschöpf von Gottes Liebe oder einer anderen Liebe zu reden. Sie wußte ja gar nicht, was dieses Wort bedeutete. Nur Gott konnte machen, daß es bei ihr zündete und sie verstand, wovon ich sprach.

„Darf ich mit Ihnen beten?"

Sie nickte teilnahmslos. „Sicher, warum nicht?"

Ich trat auf sie zu, um ihr die Hand auf den Kopf zu legen. Als ich so auf sie herunterschaute, sah ich erst recht, wie schmutzig sie war und wie dringend sie eine Säuberung benötigte. Mich schauderte vor Ekel und Abscheu.

„O Herr", flüsterte ich, „wie endlos ist deine Liebe zu uns, so viel größer als unser kleines bißchen Liebe, das wir von uns aus hervorbringen können. Bitte Gott, berühre sie jetzt mit deiner Liebe und lehre auch mich, sie zu lieben."

Dann legte ich meine Hand fest auf ihren Kopf und fing an, laut zu beten.

„O Gott, ich weiß, es ist dein Wille, daß wir dir in allen Dingen Dank sagen. Nichts auf dieser Welt geschieht ohne deinen Willen und ohne deine Einwilligung. Dieses dein liebes Kind ist verwundet. Es ist krank, zerschlagen, verlassen und ungeliebt von Menschen, aber ich weiß, du hast es lieb. Dank sei dir für all das, was du im Leben dieser jungen Frau zugelassen hast. Hilf ihr, Herr. Ich glaube, du hilfst ihr, deine Liebe zu erkennen und dich gerade jetzt zu preisen . . ."

Ich spürte, wie das Mädchen unter meiner Hand zu zittern begann. Gott berührte es mit seiner Liebe.

„Können Sie Gott jetzt für alles danken?"

„O ja", sagte sie rasch, „ich danke dir, Gott. Ich danke dir wirklich für alles."

Ich fuhr fort zu beten. „Gott, ich glaube, du heilst diesen zerbrochenen Geist. Du gibst ihr neues Leben, und du gibst ihr Freude für Leid, Sieg anstelle von Niederlage."

Als ich zurücktrat, sah ich, daß ihr die Tränen über die Wangen liefen.

„Was ist nur mit mir geschehen?" rief sie aus. „Ich fühle mich so anders. Ich bin ja innerlich gar nicht mehr so aufgewühlt, es ist so ruhig in mir. So habe ich mich noch gar nie gefühlt. Ich bin glücklich, richtig glücklich!" Ihre Augen waren vor Erstaunen weit geöffnet. Woher kommt das bloß?"

„Das hat Gott getan, weil wir ihm geglaubt und ihn gepriesen haben", sagte ich und erkannte plötzlich, daß auch in mir ein Wunder geschehen war. Ich sah die Frau verwundert an; sie war für mich auf einmal ein ganz anderer Mensch. Am liebsten hätte ich den Arm um sie gelegt; sie schien jetzt so schön, so rein, so heilig.

„Ich danke dir, Herr." Ich spürte, wie sich mein Geist aufschwang. Ich *liebe* dieses Mädchen. Ich danke dir, daß du auch in mir ein Wunder gewirkt hast, Herr."

Ich hätte es von mir aus nie fertiggebracht, dieses Mädchen zu lieben. Gott mußte dies in mir wirken. Von mir verlangte er nur, daß ich meinen Mangel an Liebe zugab und bekannte und mich dann willig und im Glauben der verwandelnden Kraft Gottes hingab. Je mehr wir versuchen, uns selbst zu ändern, desto enttäuschter werden wir und desto mehr wird uns unser eigenes Zukurzkommen bewußt.

Gott bringt manchmal gewisse Leute in unser Leben, nur um uns zu zeigen, wie unfähig wir in unserer eigenen Kraft sind, andere zu lieben. Er tut es nicht, um uns in Verlegenheit zu bringen, sondern um uns seine verwandelnde Liebe in unserem Leben und im Leben der Menschen, die wir lieben sollen, erfahren zu lassen.

Dankst du ihm für die Menschen in deinem Leben, bei denen dir das Lieben schwerfällt? Hast du einen launischen Nachbarn? Oder einen schwierigen Chef? Preise Gott dafür, denn er liebt dich und möchte deine Freude völlig machen, indem er dir die Möglichkeit gibt, diese Menschen zu lieben. Er liebt sie auch und möchte dich als Kanal für seine Liebe zu ihnen benützen.

Ich meine, daß wir die vielleicht wunderbarsten und herausfordernsten Gelegenheiten zum Lieben in unserem eigenen Heim bekommen, gerade dort, wo wir leben. Hat dein Mann, hat deine Frau gewisse Eigenschaften, die dir gegen den Strich gehen? Kannst du mit deinen Eltern nur schwer auskommen? Nehmen deine Kinder eine rebellische Haltung ein?

Jesus sagte: Liebet einander; akzeptiert einander; dankt Gott für einander!

Es ist nicht leicht, Gott für einen trunksüchtigen Ehemann oder für ein gleichgültiges, widerspenstiges Kind zu danken. Es ist nicht leicht, jemand zu lieben, der sagt, er wolle unsere Liebe nicht.

Es ist nicht leicht, den Balken in unserem Auge — die Selbstgerechtigkeit, das Selbstmitleid, die Märtyrerrolle, die wir so lange gespielt haben — zuzugeben. Können wir Gott danken für Menschen, die er uns in den Weg gestellt hat, um uns den Balken in unserem Auge bewußt zu machen?

Können wir Gott für sie danken, gerade so, wie sie sind? Und können wir besonders auch für die Dinge danken, die es uns schwer machen, diese Menschen zu lieben? Können wir bekennen, daß wir nicht imstande sind, sie gerade um ihrer provozierenden Gewohnheiten willen zu lieben? Können wir Gott sagen, daß wir sie lieben *wollen,* und uns dann ihm übergeben, damit er uns umformt, umgestaltet, so daß wir ihnen, gemäß seinem Willen und seinem Plan für uns, mit unendlicher Liebe begegnen können?

Dann dürfen wir zuversichtlich damit rechnen, daß Gott ein Wunder in uns wirkt. Es kann auf der Stelle geschehen; es kann sein, daß wir sogleich ein wunderbares Liebesfeuer *verspüren,* und natürlich freuen wir uns darüber und preisen den Herrn dafür. Aber seien wir auf der Hut, daß wir nicht von Gefühlen abhängig werden. Das erste Feuer mag schnell erlöschen, und dann sitzen wir da und warten auf eine zweite Berührung, ohne in der Zwischenzeit irgend etwas zu unternehmen.

Liebe, bewußt und beabsichtigt, wie Christus sie zu uns hat, erfordert immer unseren Willensentschluß. Ob wir am Anfang irgendwelche Liebe verspüren oder nicht, ändert nichts an der Tatsache, *daß* wir lieben. Gott wird uns praktische und ganz bestimmte Wege zeigen, wie wir diese Liebe an die Person, die er uns in den Weg gestellt hat, weitergeben können, und bald werden wir eine tiefere Liebe erfahren und empfinden, als wir sie je verspürt haben. Unsere Liebe wird beständig und dauerhaft sein, weil sie aus einer Quelle fließt, die jenseits unserer beschränkten Möglichkeiten liegt. Das sagt aus, was es heißt, in Gottes Liebe verwurzelt zu sein. Und in diesem fruchtbaren Boden wird unsere eigene Fähigkeit, zu lieben, wachsen und gedeihen.

So trägt der heilige Geist Frucht in unserem Leben.

Eine gläubige Frau war viele Jahre lang mit einem Alkoholiker verheiratet, bis er dann eines Tages mit dem Gesetz in Konflikt geriet und im Gefängnis endete. Die Frau rackerte sich ab, um ihre Kinder mit der dürftigen Fürsorgeunterstützung durchzubringen, die sie vom Staat erhielt. Pflichtbewußt brachte sie die Kinder regelmäßig in die Kirche und genoß die Sympathie und das Ansehen der ganzen Ortschaft.

„Die arme Edna", sagten ihre Bekannten, „sie zieht die Kinder ganz allein auf, versäumt nie einen Gottesdienst am Sonntag, nie hört man eine Klage von ihr. Und ihr Mann, der Taugenichts, ist zu faul zum Arbeiten und die meiste Zeit betrunken, zur Schande seiner braven Familie . . ."

Edna fühlte sich im vollen Recht, als sie, solange ihr Mann im Gefängnis war, die Scheidung erreichte. Endlich würde sie frei sein, und ihre Kinder könnten in einer besseren Umgebung aufwachsen.

Da brachte ihr eine Freundin eines Tages das Buch „Ich suchte stets das Abenteuer".

Es schien ihr eine nahezu unmögliche Forderung, Gott für all die Jahre des Elends, die sie erduldet hatte, zu danken; doch sie las, wie das Danken das Leben anderer Menschen total verändert hatte, und so entschloß sie sich, es doch einmal zu probieren.

„Ich danke dir für Al und für seine Trunksucht", betete sie. „Ich danke dir für die Jahre der Armut und der Furcht und der Einsamkeit."

Bald danach erfuhr sie, daß ihr Mann aus dem Gefängnis entlassen worden war und nun wieder seiner alten Leidenschaft frönte. Trotzdem fuhr sie fort, Gott für ihre Verhältnisse zu danken.

Allmählich gingen ihr die Augen auf für Dinge in ihrem Leben, die sie zuvor nie gesehen hatte. Sie dankte Gott weiterhin und bat ihn um Liebe zu ihrem Mann und um die Fähigkeit, ihn zu akzeptieren, so wie er war. Da erkannte sie auf einmal, daß sie sich in all den Jahren einer Sache schuldig gemacht hatte, die weit schlimmer war als die Trunksucht ihres Mannes.

Sie hatte immer nur den Splitter im Auge ihres Mannes gesehen und war vollkommen blind gewesen für den Balken in ihrem eigenen Auge. Sie hatte ihn wegen seiner Trunksucht verurteilt und sich selbstgerechter und würdiger als er gefühlt. Gleichzeitig war sie täglich in Selbstmitleid, Depressionen und freudlosem Martyrium versunken.

„O Herr“, rief sie dann eines Tages aus, „ich sehe jetzt ein, daß meine Sünde so viel schwerer wiegt als die von Al. Du hast uns geboten, einander zu lieben und uns in unseren Anfechtungen zu freuen, und ich habe weder geliebt noch Freude gefunden. Vergib mir, Herr. Dank sei dir, daß du Al in mein Leben gebracht hast, damit ich mich selbst erkennen konnte. Nun mache du es gut in seinem Leben. Heile seine Wunden, die er erlitten hat, und berühre ihn mit deiner Liebe.“

Von diesem Tag an fiel es Edna leicht, sich ihrer Umstände zu freuen. Sie *wußte* nun, daß Gott diese als Teil seines Planes zugelassen hatte und dadurch ihr Leben mit Liebe und Freude erfüllen wollte. Als sie anfing, ihn zu preisen, verschwanden all die alten Gefühle des Selbstmitleids und der Niedergeschlagenheit; jeder Tag wurde zu einem neuen, freudigen Erlebnis, und sie wurde sich der Gegenwart Jesu auf ganz neue, wunderbare Weise bewußt.

Es dauerte nicht lange, da kam ihr früherer Ehemann eines Tages schwankend in einen Gottesdienst. Dort nahm er Christus als seinen Heiland an und wurde vom Alkohol, an den er fünfzehn Jahre lang gebunden war, vollständig befreit. Edna und Al heirateten aufs neue. Al meldete sich zum Besuch einer Bibelschule an, um ein nagelneues Leben im Dienst für Gott zu beginnen.

Ein schwieriges Verhältnis oder unangenehme Umstände benützt Gott oft in liebender Weise, um uns eine Möglichkeit zum Wachstum, zur Erprobung unserer geistlichen Muskelkraft zu geben, oder aber benützt er sie in liebender Weise, um eine ganz bestimmte Schwäche oder einen Fehler in unserem Leben bloßzulegen.

Was auch immer der Grund für die Schwierigkeiten sein mag, wir haben Grund genug zur Freude. Jede Schwäche — mag sie noch so gut verborgen sein — ist wie ein Riß im Fundament eines Gebäudes.

„So soll euch diese Sünde sein wie ein Riß, wenn es beginnt zu rieseln an einer hohen Mauer, die plötzlich unversehens einstürzt" (Jesaja 30, 13).

Früher oder später wird ein Riß im Fundament das ganze Gebäude zum Einstürzen bringen. Die Risse, die uns bewußt sind, können wir ausmerzen. Wir können alle unsere bewußten Sünden und Schwachheiten bekennen und dürfen wissen, wenn sie einmal bekannt sind, sind sie uns auch vergeben. Gottes Liebe deckt und heilt die Narben und Erinnerungen. Wie steht es aber mit den verborgenen Rissen, mit den verborgenen Sünden, die an der Oberfläche nur ganz verschwommen wahrgenommen werden können, und zwar in Form von Ruhelosigkeit, Unsicherheit, Verworrenheit, Groll und ähnlichen Symptomen, die wir alle aus Erfahrung kennen?

Das Vergehen, auf das Jesaja in dem obigen Vers Bezug nahm, war, daß Israel sich wiederholt geweigert hatte, dem Wort Gottes Folge zu leisten. Statt dessen suchten sie Rat bei ihren eigenen Sehern und bei irdischen Ratgebern. Sie verließen sich lieber auf sich selbst als auf Gott.

Übermäßiges Selbstvertrauen und Selbstsicherheit sind immer schwerwiegende Risse in unserem Fundament. Wenn Gott uns in Umstände hineinführt, die ein Gebiet in unserem Leben offenbaren, auf dem wir uns noch auf uns selbst verlassen, sollten wir ihm dann nicht von Herzen danken für unsere Hilflosigkeit und uns der Stärke und Macht freuen, die er uns geben kann?

Ein junger Offiziersanwärter in Fort Benning sah sich plötzlich Umständen gegenüber, mit denen er nicht fertig wurde.

„Ich brauche Hilfe, sonst verliere ich den Verstand", sagte er zu mir.

Er war immer so sicher gewesen, daß er mit jeder Lebenslage spielend fertig werden könne. Seine Selbstsicherheit grenzte schon an Überheblichkeit. Aber seitdem er nun auf der Offiziersanwärter-Schule war, konnte er nicht mehr tun und lassen, was er wollte, und sein Selbstbild und seine gesamte Lebensauffassung waren gewaltig erschüttert worden.

Durch die harte Ausbildung der Offiziersanwärter sollen den jungen Leuten nicht nur ihre Pflichten als künftige Offiziere beigebracht werden, sondern es sollen dadurch auch Schwächen des Anwärters bloßgelegt werden, die später in der Schlacht das Leben seiner Männer in Gefahr bringen könnten. Den Offiziersanwärtern wird bewußt ein gewisser Streß auferlegt, um zu testen, aus welchem Holz sie geschnitzt sind. Wenn der eine oder der andere unter dieser Belastung zusammenbricht, ist es besser, wenn sich dies vor dem praktischen Einsatz bei der Truppe herausstellt.

Die Ausbilder hatten das Gefühl gehabt, daß dieser junge Mann unter der Maske der Selbstsicherheit, die er trug, seine eigene Unsicherheit verbarg. Vom frühen Morgen bis spät am Abend stand er deshalb unter Aufsicht. Jede Bewegung, die er machte, wurde kritisiert.

„Geht's nicht schneller?"

„Sind Sie zu doof, um den Anweisungen Folge zu leisten?"

„Essen Sie immer wie ein Schwein?"

„Haben Sie überhaupt kein Rückgrat?"

„Soll Ihnen Mama zu Hilfe kommen?"

„Laufen Sie noch einmal ums Gebäude herum, vielleicht lernen Sie dann, Ihre Füße schneller zu heben!"

Das große Selbstvertrauen, das der junge Mann gehabt hatte, schmolz rapide. Gedemütigt und hilflos war er jetzt mit seinem Latein am Ende, war bereit zu desertieren und, wenn notwendig, das Land zu verlassen, um seine Peiniger endlich los zu werden.

Während der Aussprache sagte er mir, daß er noch nie wirklich an Gott geglaubt habe, und die Bibel ihm immer ziemlich unverständlich gewesen sei. Aber wenn es einen Gott gebe, der ihm helfen könne, wolle er jetzt glauben.

Ich zeigte ihm die Bibelstellen, die auf seinen Fall zutrafen, und sagte ihm, daß Gott einen vollkommenen Plan für sein Leben habe, daß die Anfechtungen, die er durchmache, Teil dieses Planes seien und daß Gott ihn von der ganzen Spannung und dem Streß entlasten werde, wenn er nur die Zügel seines Lebens Gott übergeben und ihm für alles danken wolle.

Der junge Mann sah mitgenommen aus. An seinen Gesichtszügen und seinen Augen konnte man die große Anspannung und den fehlenden Schlaf ablesen.

„Ich habe so etwas noch nie mitgemacht“, sagte er kopfschüttelnd. „Ich bin am Ende, und nun sagen Sie mir auch noch, Gott habe mich in diese mißliche Lage gebracht.“

„Wir wollen einmal sagen, Gott ließ es zu“, erwiderte ich. „Ich bin überzeugt, es wäre ihm lieber gewesen, Sie hätten sich ohne dieses Leiden ihm zugewandt und seinen Plan für Ihr Leben angenommen. Aber da Sie darauf bestanden, Ihr Leben alleine meistern zu können, ist Gott den direkten, den liebevollsten Weg gegangen, um Ihnen zu zeigen, wie dringend Sie ihn brauchen.“

Dann schlug ich den zweiten Brief von Paulus an die Korinther auf und las: „Ihr sollt wissen, Brüder, daß ich in der Provinz Asien in einer ausweglosen Lage war. Die Belastung war so groß, daß sie über meine Kraft ging. Ich hatte keine Hoffnung mehr, mit dem Leben davonzukommen. Ich fühlte mich wie einer, der sein Todesurteil empfangen hat. Das geschah aber, damit ich nicht auf mich selbst vertraue, sondern mich allein auf Gott verlasse“ (2. Korinther 1, 8—9).

Der junge Mann sah mich nachdenklich an und erklärte sich dann damit einverstanden, daß ich mit ihm bete, obwohl er gar nicht davon überzeugt war, daß dies etwas nützen würde.

Ich legte ihm die Hand auf und fing an, Gott für diese Situation zu danken. Ich bat Gott, diesem jungen Mann ein neues Verständnis seiner Liebe zu geben und ihn erkennen zu lassen, wie sehr er um jede Einzelheit in unserem Leben besorgt ist. Während ich betete, fing er an zu zittern. Dann fingen die Tränen an zu fließen, und nach einer Weile fing er laut an zu lachen.

„Preis sei Gott“, rief er. „Ich danke dir, Gott; ich erkenne, daß du sorgst; ich glaube auch, daß du mich liebst.“

Mit strahlendem Gesicht wandte er sich mir zu.

„Gott hat mich tatsächlich hierher auf die Schule gebracht, nicht wahr?“ sagte er. „Ich wußte, daß ich hier die Antwort finden würde. Ich fühle mich wie neugeboren.“

Und das war er auch. Er nahm Christus als seinen Heiland an und brachte seine Offiziersausbildung zu einem hervorragenden Abschluß.

Die Krise in seinem Leben hatte einen ernsthaften Riß im Fundament offenbart. Als er aber Gottes Hand in den Umständen erkannte und ihm dafür dankte, wurde dieser Riß geheilt.

Umstände, die die Mauern unserer Selbstsicherheit niederreißen, sind verborgene Segnungen Gottes. Wir dürfen Gott in Wahrheit dafür danken und ihn preisen für jeden Windstoß, mit dem er mehr von unserer Illusion, wir hätten die Fähigkeit, unsere Situationen selbst zu meistern, wegfegt. Je mehr wir ihn preisen, desto leichter fällt uns der Übergang. Unsere Freude wird zunehmen, und den Schmerz werden wir kaum noch beachten. Je unangenehmer unsere Verhältnisse sind, desto mehr werden wir die eigentliche Kraft und Macht Christi erkennen, die in uns wohnt und in uns wächst.

Jede Herausforderung, jede Anfechtung oder Gelegenheit zum Wachstum macht uns fähig, vollkommenere Kanäle für seine Kraft zu werden.

Ein junges Mädchen erlebte eine Reihe tragischer Ereignisse. Ihre Mutter und zwei ihrer Brüder starben. Ihr Vater verheiratete sich wieder, ließ sich scheiden und heiratete aufs neue. Dies führte dazu, daß das Mädchen in der Schule versagte und sich dem Trunk ergab. Aber dann hörte sie von Jesus und nahm ihn als ihren Heiland an. Eine Zeitlang war sie voll Freude und erzählte davon, so daß auch andere durch sie zu Christus kamen. Alles verlief nun glatt in ihrem Leben, und sie meinte, alle schweren Zeiten seien endgültig vorbei.

Da brach die Not aufs neue über sie herein. Zweimal wurde sie in einen Autounfall verwickelt und beide Male verletzt. Dann bildete sich an ihrem Hals ein Tumor, der durch eine schmerzhafte Operation entfernt werden mußte. Eines Tages trank sie eine Cola und wurde ernsthaft krank davon — die Cola war mit Drogen versetzt. Einmal erlitt sie einen Schock, als sie auf dem Weg zur Schule von einem Mann mit einem Messer überfallen wurde; ein anderes Mal ging ihr ein Mann mit einer Pistole nach. Bei Nacht hielten sich Landstreicher in der Nähe ihres Hauses auf; einer brach im Haus ein und vergewaltigte sie. Zuletzt wurde ihr die Arbeitsstelle gekündigt, da ihr Chef überzeugt war, daß sie an all diesen Schwierigkeiten selbst Schuld trage.

In all dieser Not hielt das Mädchen an ihrem Glauben fest. Die schwerste Last, die es zu tragen hatte, waren das Mißtrauen und der Argwohn der Gemeindemitglieder, die das Mädchen kannte.

Eines Tages drückte ihr jemand das Buch „Ich suchte stets das Abenteuer" in die Hand. Sie las es und schöpfte neue Hoffnung. Gott hatte gewiß einen Grund dafür, daß er all dieses Leid in ihrem Leben zuließ. Sie fing an, ihm für jedes einzelne Unglück, das sie getroffen hatte, zu danken, und als sie das tat, wich die Furcht, die sie umklammert hatte, einer großen Freude.

„Plötzlich erkannte ich, daß ich nur Gott hatte", erzählte sie mir. „Andere Menschen mögen andere Sicherheiten haben. Ich habe nur ihn, und alles, was geschehen ist, hat mich dies deutlicher erkennen lassen."

Das junge Mädchen hatte jetzt eine ganz neue Ausstrahlungskraft und zeugte freudig für ihren Heiland. Es hatte ein tieferes Verständnis und Mitgefühl für Menschen, die ähnliches erdulden müssen, bekommen.

Das Mädchen hatte es gelernt zu glauben, daß alle Ereignisse in ihrem Leben von Gottes liebender Hand gelenkt wurden und konnte nun angesichts jeder neuen Anfechtung sagen: „Ich weiß, Gott hat es zugelassen, deshalb muß es mir zum Besten dienen."

Eine andere junge Frau verlor ganz plötzlich ihren Mann. Da sie keine Kinder hatte, fühlte sie sich unbeschreiblich einsam. Als sie bei ihren Angehörigen Trost und Hilfe suchen wollte, weigerten diese sich, mit ihr zu sprechen, und behandelten sie, als ob sie überhaupt nicht existierte.

Sie konnte diese völlige Abweisung keineswegs verstehen. Nie zuvor war sie von ihren Angehörigen so behandelt worden, und der Schmerz des Alleinseins und das Gefühl, unerwünscht zu sein, waren mehr, als sie ertragen konnte. Sie litt große Schmerzen, konnte nicht schlafen und nahm rapide ab.

Tag und Nacht weinte sie allein in ihrem Haus, und allmählich verlor sie jedes Zeitempfinden. Sie erkannte, daß, wenn es so weiterginge, sie den Verstand verlieren würde.

In ihrer Verzweiflung schrie sie zu Gott: „Gott, bist du da? Kümmerst du dich noch um mich?" Aber sie bekam keine sichtbare Antwort und fand auch keinerlei Erleichterung.

Da sah sie eines Tages in einer Buchhandlung in der Stadt das Buch „Ich suchte stets das Abenteuer". Auf der Rückseite las sie, daß der Autor des Buches Armeegeistlicher war und legte daraufhin das Buch wieder auf das Regal zurück. Auch ihr Mann war bei der Armee gewesen, als er starb, und sie befürchtete, daß durch dieses Buch die alten Erinnerungen wieder aufgewühlt würden.

Mit leerer Hand ging sie nach Hause, doch der Titel des kleinen Buches ließ sie nicht mehr los. Ständig wurde sie von dem Gedanken verfolgt: *Lies es! Lies es!*

Nie zuvor hatte sie einen so starken Drang zum Lesen empfunden. Sie ging deshalb nochmals in die Buchhandlung und kaufte das Bändchen.

Zu Hause fing sie an zu lesen, und bald flossen ihre Tränen. Manchmal mußte sie so stark weinen, daß sie nicht mehr weiterlesen konnte. Und einmal sank sie sogar auf die Knie und las, auf dem Fußboden kniend, weiter.

Sie war überzeugt, daß Gott durch dieses Buch direkt zu ihr sprach; doch die Botschaft war fast unannehmbar. Wollte Gott ihr tatsächlich sagen, sie solle ihm danken, daß ihr Mann gestorben war? Wie konnte Gott nur so grausam sein? Alles in ihr schien sich dagegen aufzulehnen. Doch als sie weiterlas, versiegte allmählich der Tränenstrom, und in ihr Herz kam ein Friede, den sie bisher nicht gekannt hatte. Allmählich schlugen ihre Gedanken eine andere Richtung ein.

Gott hat all das zugelassen, um mir zu helfen, dachte sie. *Er wußte, daß ich an der Seite meines Mannes nie nach ihm gefragt hätte. Hätten mein Bruder und seine Familie mich mit Freundlichkeit und Liebe getröstet, hätte ich mich an sie geklammert. Jetzt bin ich vollständig allein und komme zu Gott. O Jesus, ich spüre deine Gegenwart! Du bist bei mir, und ich preise dich und danke dir für alles, was mich zu dir geführt hat!*

Der Friede, den sie im Herzen verspürte, war köstlicher als alles, was sie je gekannt hatte, und von jetzt an strahlte ihr Leben eine solche Freude aus, daß ihre Bekannten und Nachbarn in großes Staunen versetzt wurden. Mit großer Besorgnis hatten sie beobachtet, wie das Leid sie immer mehr in die Verzweiflung hineingetrieben hatte.

Bald kam ihr Bruder zu Besuch und machte ihr unter Tränen dieses Geständnis:

„Kannst du mir vergeben?" fragte er. „Es ist ein schreckliches Mißverständnis entstanden. Jemand hat uns erzählt, du habest zu deiner Nachbarin gesagt, wir hätten dir beim Tode deines Mannes keine Hilfe gewähren wollen. Wir waren so dumm und haben das geglaubt, und deshalb waren wir so schockiert und gekränkt, daß wir dich nicht sehen und nicht sprechen wollten." Der Bruder war vor Scham ganz überwältigt. „Heute erfuhren wir nun, daß die Leute das von einer anderen Witwe erzählt haben. Ich darf gar nicht daran denken, daß wir dich so allein sitzen ließen, gerade als du uns am dringendsten gebraucht hättest."

„Du brauchst dich nicht dafür zu entschuldigen", erwiderte die junge Witwe freundlich. „Sei dankbar, daß du diesen Fehler gemacht hast."

„Was soll das heißen?“ Der Bruder dachte, er habe nicht richtig gehört. „Ich ließ dich im Stich, als du mich so dringend brauchtest, und nun soll ich dafür Gott dankbar sein?“

„Genau“, lachte sie, „hättest du mir nicht den Rücken zugewandt, hätte ich nie entdeckt, wie sehr mich Gott liebt.“

Natürlich will ich mit dieser Geschichte nicht sagen, daß wir auf das Gerede der Leute achten sollen, oder Menschen, die unsere Liebe brauchen, ignorieren dürfen. Doch Gott möchte uns verstehen lernen, daß, wenn wir ihm unser Leben anvertrauen, uns niemand ungerecht behandeln darf, außer, Gott läßt dies zu, und dann wird es auch zu unserem Besten dienen. Wir dürfen ihm deshalb für jedes unfreundliche Wort, für jedes heimtückische, hinterhältige Verhalten, mit dem uns andere verletzen, danken.

„Gott freut sich über euch, wenn ihr schuldlos leidet, nur weil ihr im Gewissen an Gott gebunden seid. Was für ein Verdienst ist das schon, wenn einer für seine Fehler Schläge einstecken muß? Aber wenn ihr Leiden erduldet, obwohl ihr im Recht seid, dann hat Gott Freude an euch“ (1. Petrus 2, 19—20).

Ein Rosenstrauch muß, wenn er vollendete Rosen tragen soll, beschnitten werden. Jesus sagte: „Ich bin der wahre Weinstock, und mein Vater ist der Weinbauer. Er entfernt jede Rebe an mir, die keine Frucht bringt; aber die fruchttragenden Reben reinigt er, damit sie noch mehr Frucht bringen. Ihr seid schon rein geworden durch das Wort, das ich zu euch gesagt habe“ (Johannes 15, 1—3).

Und dies sind die Worte, die Jesus geboten hat:

„‚Du sollst den Herrn, deinen Gott, lieben, von ganzem Herzen, von ganzer Seele und mit deinem ganzen Verstand!‘ Dies ist das größte und wichtigste Gebot. Das zweite ist gleich wichtig: ‚Liebe deinen Mitmenschen wie dich selbst!‘“ (Matthäus 22, 38—39).

Die Liebe, von der Jesus sprach, ist eine bewußte Liebe, eine Liebe, die unseren Willensentschluß voraussetzt, eine Liebe, die im Glauben in die Tat umgesetzt wird. Jesus beschreibt die Art dieser Liebe mit den Worten: „Ihr sollt einander so lieben, wie ich euch geliebt habe“ (Johannes 15, 12).

Alles, was dich davon abhält, diesem Gebot zu gehorchen, muß abgeschnitten werden. Wir verzögern und verhindern nur seine Arbeit in uns, wenn wir über den schmerzhaften Beschneidungsprozeß klagen und uns dagegen wehren. Diese Dinge kommen nicht zufällig oder durch die Launen eines grausamen Schicksals in unser

Leben, sondern nur deshalb, weil unser liebender Vater auch unser liebender Gärtnermeister ist. Wir können uns freuen und ihm danken, denn er weiß, was für uns am besten ist.

Ein gläubiger Offiziersanwärter in Fort Benning bekam die Nachricht, daß seine Frau nach einem schweren Nervenzusammenbruch in ein psychiatrisches Krankenhaus eingeliefert worden war. Die ärztliche Diagnose ließ wenig Hoffnung auf Genesung zu; es hieß, sie müsse auf unbestimmte Zeit im Krankenhaus verbleiben.

Als John in mein Amtszimmer kam, brachte er zunächst kein Wort heraus. Ich sah, wie seine hohe Gestalt vor innerem Schmerz bebte und die Tränen über sein vom Kummer gezeichnetes Gesicht liefen.

„Warum bloß, warum mußte das geschehen?" Er rang nach Worten. „Meine Frau und ich, wir haben immer versucht, gute Christen zu sein; warum hat uns Gott bloß im Stich gelassen?"

„Gott hat Sie nicht im Stich gelassen", sagte ich. „Er verfolgt eine ganz bestimmte Absicht damit, daß Ihre Frau jetzt im Krankenhaus sein muß. Wollen wir nicht gerade jetzt zusammen niederknien und ihm dafür danken?"

John starrte mich an. „Sir, ich bin Lutheraner, aber so etwas habe ich noch nie in der Bibel gelesen."

„Was sagen Sie dann zu diesem Vers?" entgegnete ich. „Seid dankbar in allen Dingen; denn das ist der Wille Gottes in Christus Jesus an euch" (Epheser 5, 18 — Luther-Übersetzung).

John schüttelte den Kopf. „Diesen Vers kenne ich", sagte er. „Ich habe immer gedacht, damit sei gemeint, man solle Gott für die guten Dinge danken. Ihm auch für das Schlechte zu danken, erscheint mir ziemlich unbiblisch. Ich habe immer gedacht, Paulus sei ein wenig extrem, wenn er schreibt, daß man sich im Leiden freuen solle."

„Das hatte ich auch immer gedacht", sagte ich. „Aber ich bin zu der Überzeugung gekommen, daß Paulus recht hat. Wenn er davon spricht, daß er sich in seinem Leiden freut, meint er damit nicht, daß man den Schmerz selbst als Freude empfinden soll. Paulus war vielmehr an einem Punkt angekommen, wo er sein Leiden aus einer anderen Perspektive sah. Er hatte gelernt, daß seine Schmerzen einem höheren Zweck dienten und Teil von Gottes liebevollem Plan für sein Leben waren."

John sah mich nachdenklich an. „Ich weiß nicht", sagte er langsam, „mir ist das so unverständlich."

„Auch Paulus mußte diese Lektion auf dem schweren Wege lernen", fuhr ich fort. „Erinnern Sie sich an seinen ‚Pfahl im Fleisch'?"

John nickte.

„Dreimal bat Paulus darum, daß er davon befreit würde. Offensichtlich konnte er sich zu diesem Zeitpunkt über seine Schmerzen nicht freuen. Und dreimal antwortete ihm Gott: ‚Du brauchst nicht mehr als meine Gnade. Je schwächer du bist, desto stärker erweist sich an dir meine Macht.' Jetzt trage ich meine Schwäche gern, ja ich bin stolz darauf, damit die Kraft Christi sich erweisen kann" (2. Korinther 12, 9).

„Paulus freute sich bestimmt nicht über die Leiden um der Leiden willen", fuhr ich fort, „er schreibt nämlich weiter an die Korinther: *‚Weil er mir zu Hilfe kommt,* freue ich mich über mein Leiden, über Mißhandlungen, Notlagen, Verfolgungen und Schwierigkeiten. Denn gerade, wenn ich schwach bin, bin ich stark" (2. Korinther 12, 10).

John blätterte nachdenklich in seiner Bibel.

„Ich habe den Glauben, daß Gott in allem seine Hand hat", sagte er schließlich, „aber daß ich mich darüber auch noch freuen soll, das fällt mir doch reichlich schwer."

„Wenn wir sagen, wir haben Glauben, können uns aber nicht freuen, bedeutet das nicht, daß wir Gott gar nicht zutrauen, daß er nur das Beste für uns will?" räumte ich ein.

John saß schweigend da. Dann nickte er zustimmend.

„Ich glaube, Sie haben recht", sagte er. „Ich will es versuchen."

Wir knieten uns zusammen nieder, und wieder bebte Johns hohe Gestalt, als er schluchzend betete: „O Gott, du liebst meine Frau mehr als ich. Ich glaube, du führst einen wunderbaren Plan in unserem Leben hinaus."

Die Tränen flossen reichlich, aber aus seinen Augen leuchtete jetzt Vertrauen.

„Gott macht es recht, Herr Pfarrer", sagte er, „ich weiß es jetzt."

Einige Tage später beantragte John Versetzung aus dringenden familiären Gründen, damit er seiner Frau näher sein könnte. Der Antrag wurde schließlich genehmigt, und dann kam er noch einmal zu mir, um sich zu verabschieden.

„Warten Sie nur, bald werde ich Ihnen den besten Teil dieser Sache mitteilen können", sagte er voll Freude. „Gott hat mir versprochen, meine Frau in dem Augenblick zu heilen, wenn ich sie sehe, ihr die Hände auflege und sage: ‚Im Namen Jesu, sei geheilt!'"

Mir kamen plötzlich Zweifel. Griff John in seinem Eifer Gott nicht voraus? Aber dann empfand ich auch die Gewißheit des heiligen Geistes und legte meine Hand auf John, um gemeinsam mit ihm zu beten.

„Vater, du sagst, wenn zwei oder drei auf Erden eins werden, um was sie auch bitten mögen, willst du ihnen ihre Bitte geben (Matthäus 18, 19). John und ich werden uns deshalb jetzt eins in der Bitte um die Heilung seiner Frau, und zwar in dem Augenblick, in dem er seine Frau berührt."

Zwei Wochen später traf Johns Brief ein.

„Es geschah genauso, wie Jesus es gesagt hatte. Meine Frau stand im Sprechzimmer des Psychiaters, als ich sie zuerst sah. Sie sah schrecklich aus. Die Linien in ihrem Gesicht und die Furcht in ihren Augen überzeugten mich fast davon, daß sie hoffnungslos krank sei. Aber ich wußte, daß ich Gott gehorchen und tun mußte, was er mir befohlen hatte. Ich ging deshalb auf sie zu und legte ihr die Hände auf. In dem Augenblick, in dem ich sie berührte, ging es wie ein Schock durch sie durch, und ich wußte, daß sie geheilt war. Ich sagte dem Psychiater, sie sei geheilt, und dieser schaute mich an, als ob *ich* eine Behandlung nötig hätte. Am nächsten Tag rief mich der Psychiater an und sagte: ‚Ich weiß nicht, wie ich mir das erklären soll, aber Ihrer Frau geht es allem Anschein nach wieder gut.'" Meine Frau ist jetzt zu Hause und ist glücklicher denn je einmal. Durch die Leiden, die sie mitgemacht hat, wurde sie im Glauben gestärkt, und gemeinsam danken wir jetzt dem Herrn für alle Dinge. Wir haben gelernt, wie mächtig Christi Heilungskraft zur Entfaltung kommt, wenn wir ihn preisen."

Gottes Stärke kann unsere Schwäche ersetzen, wenn wir zu ihm kommen, einsehen und zugeben, daß uns Stärke mangelt. Aber so oft schämen wir uns zu bekennen, daß wir schwach sind, weil wir befürchten, Gott und die anderen würden uns so nicht akzeptieren, wie wir sind. Diese Überlegungen wurzeln in der falschen Meinung, wir müßten Gottes Liebe verdienen oder ihrer würdig werden.

Ein gläubiger General kam eines Tages zu mir und bekannte, die ständige Anspannung, die davon herrühre, daß er vor seinen Männern ein perfektes Image tragen wolle, bringe ihn fast um. Während wir uns so unterhielten, wurde mir klar, daß dieser Mann, den ich wegen seiner Haltung und Ausgeglichenheit, die er nach außen hin zeigte, stets bewundert hatte, es noch nie geschafft hatte, sich so zu akzeptieren, wie er in Wirklichkeit war. Er war von der Furcht besessen, daß, wenn er sich einmal gehen ließe, seine Familie und seine Männer bitter von ihm enttäuscht sein müßten.

Ich erklärte ihm, daß sich die innere Spannung lösen würde, wenn er Gott einmal dafür danken könnte, daß er ihn genau so gemacht habe, wie er sei.

„Sie meinen, so, wie ich jetzt bin? Voll Furcht und Spannung?" fragte er, und ich nickte.

„Oder meinen Sie, der Gott, der dieses ganze Universum so wunderbar geschaffen und den Sternen ihre Bahnen zugewiesen hat, habe weniger Sorgfalt walten lassen, als er Sie gemacht hat? Mit ebensoviel Sorgfalt hat er die Verhältnisse ausgewählt, in die er Sie hineinstellen wollte, um Ihnen zu zeigen, wie sehr er Sie liebt."

Der General kam einige Male zu mir in die Sprechstunde, studierte seine Bibel und las auch das Buch „Ich suchte stets das Abenteuer" mit großem Interesse. Allmählich konnte er es fassen, daß Gott einen vollkommenen Plan für sein Leben hatte und daß der ständige Streß, den er empfand, dazu diente, in ihm das Vertrauen zu Gott zu wecken.

Er fing an, Gott für seine Unruhe und seine Sorgen zu danken, und allmählich wich die frühere Furcht einem wunderbaren Frieden. Zum erstenmal in seinem Leben freute er sich, daß er sich selbst sein durfte.

„Solange ich dachte, Gott könne mich mit meinen Schwächen nicht lieben, versuchte ich, diese zu verbergen und glitt deshalb immer weiter von der Wahrheit ab", sagte er mir. „Sobald ich aber in der Lage war, meine Schwachheit zuzugeben und Gott zu danken, daß er mich so gemacht hatte, fing seine Liebe an, mich zu verwandeln, und erfüllte mich mit seinem Frieden."

David schrieb:

„Lobet, ihr Völker, unsern Gott, laßt seinen Ruhm weit erschallen, der unsre Seelen am Leben erhält und läßt unsere Füße nicht gleiten. Denn, Gott, du hast uns geprüft und geläutert, wie das Silber geläutert wird; du hast uns in den Turm werfen lassen, du hast auf unsern Rücken eine Last gelegt, du hast Menschen über unser Haupt kommen lassen, wir sind in Feuer und Wasser geraten.

Aber du hast uns herausgeführt und uns erquickt . . . Zu ihm rief ich mit meinem Munde und pries ihn mit meiner Zunge. Wenn ich Unrechtes vorgehabt hätte in meinem Herzen, so hätte der Herr nicht gehört. Aber Gott hat mich erhört und gemerkt auf mein

Flehen ... Jauchzet Gott, alle Lande! Lobsinget zur Ehre seines Namens; rühmet ihn herrlich!" (Psalm 66, 8—12, 17—19, 1—2).

David wollte mit Gott eins sein, und er wußte, daß, wenn irgend etwas Unreines in ihm wäre, Gott ihn nicht mit seiner Liebe erfüllen und diese nicht durch ihn fließen lassen könnte. Deshalb war David dankbar für den Läuterungs- und Reinigungsprozeß, den Gott ihn durchlaufen ließ. Er freute sich, wenn durch die Anfechtungen die verborgenen Sünden in seinem Herzen aufgedeckt wurden, denn dann konnte er diese Sünden bekennen und davon geheilt werden. Gott selbst hatte David den Weg gezeigt.

„Meinst du, daß ich Fleisch von Stieren essen wolle oder Blut von Böcken trinken? Opfere Gott Dank und erfülle dem Höchsten deine Gelübde *und rufe mich an in der Not, so will ich dich erretten, und du sollst mich preisen* ... Was hast du von meinen Geboten zu reden und nimmst meinen Bund in deinen Mund, da du doch Zucht hassest und wirfst meine Worte hinter dich? ... Begreift es doch ... Wer Dank opfert, der preiset mich, und da ist der Weg, daß ich ihm zeige das Heil Gottes" (Psalm 50, 13—17; 22—23).

Die Wege Gottes sind Wege des Dankes!

V
Wenn Sperlinge fallen

„Kauft man nicht zwei Spatzen für einen Groschen? Und doch fällt kein Spatz auf die Erde, ohne daß euer Vater es zuläßt. So ist es auch mit euch: jedes Haar auf eurem Kopf ist gezählt. Habt also keine Angst, denn ihr seid Gott mehr wert als ein ganzer Schwarm Spatzen“ (Matthäus 10, 29—31).

Jesus sagte seinen Jüngern, daß unser himmlischer Vater auf jeden Sperling achtgibt und jedes Haar auf unserem Kopf gezählt ist. Trotzdem ist es Tatsache, daß Sperlinge auf die Erde fallen, daß tragische Ereignisse in unser Leben treten, daß unschuldige kleine Kinder von Betrunkenen überfahren werden, daß liebe Angehörige plötzlich an Krebs dahinsterben, obwohl wir inbrünstig und anhaltend für sie gebetet haben.

Hätte Gott nicht verhindern können, daß der Sperling auf die Erde fiel? Daß sich das Tragische ereignete? Daß das Kind überfahren wurde? Daß Krebs den geliebten Menschen dahinraffte?

Die meisten Menschen glauben, Gott habe die Macht, solche Dinge zu verhindern, *wenn* er dies wolle. Uns bleibt dann nur noch die Auseinandersetzung mit dem Problem, *warum* Gott etwas zuläßt, was in unseren Augen ein Sieg des Bösen über das Gute ist.

Manchmal ziehen wir daraus den Schluß, Gott sei hart, teilnahmslos, gefühllos. Oder wir vertreten die Ansicht, die Opfer müßten wegen ihrer eigenen Sünde oder der Sünde eines anderen Menschen leiden. Beide Schlußfolgerungen stehen im krassen Widerspruch zur Botschaft der Bibel, die uns sagt, daß Gott die Liebe ist, und daß wir uns seine liebende Fürsorge nicht durch gutes Betragen verdienen müssen.

Es ist unmöglich, daß man Gott für *alle* Dinge preisen kann, wenn man meint, er sei im Grunde gar nicht für alles verantwortlich oder sei manchmal unserem Leiden gegenüber gleichgültig.

Oft erhalte ich Briefe, in denen ich gefragt werde, ob es richtig sei, Gott für etwas Böses zu danken, wenn die Bibel uns doch lehre, das Böse zu hassen. Sie zitieren dann die Schriftstellen: „Die ihr Jehova liebt, hasset das Böse!" (Psalm 97, 10 — Elberf. Übers.) und: „Hasset das Böse und liebet das Gute" (Amos 5, 15 — Elberf. Übers.).

Mit diesen Schriftstellen ist jedoch gemeint, daß wir das Böse nicht gutheißen, nicht ausüben, nicht bereitwillig annehmen und ihm nicht gehorchen sollen.

Wenn wir Gott für schlechte Verhältnisse danken, dann bedeutet das *nicht,* daß wir das Schlechte oder Böse um des Bösen willen gutheißen oder akzeptieren. Es ist nur in dem Sinne zu verstehen, wie Paulus auch von der Freude im Leiden sprach: Wir freuen uns nicht um des Leidens willen, sondern weil wir *wissen,* daß Gott im Leiden und durch das Leiden wirkt.

Gott hat das Böse nicht erschaffen, denn Gott ist Liebe. Aber Gott erschuf Wesen mit einem freien Willen und mit der Fähigkeit, Böses zu tun. Das Böse kam als Folge von Ungehorsam in die Welt und wird mit Gottes Zulassung auch hier bleiben; es ist jedoch stets seinem Willen untergeordnet.

Weil das Böse in der Welt existiert, sandte Gott seinen Sohn und ließ ihn am Kreuz sterben. Dadurch ist er in der Lage, die Macht des Bösen zu brechen im Leben aller derer, die an ihn glauben.

„Die Bösen beugen sich vor dem Guten", lesen wir in Sprüche 14, 19 (Elberf. Übersetzung).

Wir, die wir glauben, haben die Kraft, die Welt zu überwinden.

„Wer glaubt, daß Jesus der versprochene Retter ist, der ist ein Kind Gottes ... Denn alle Kinder Gottes können den Sieg über die Welt erringen. Durch unseren Glauben haben wir die Welt schon besiegt" (1. Johannes 5, 1.4).

Worauf soll sich also dieser Glaube gründen? Was sollen wir glauben, um Überwinder zu werden? Wir glauben wohl an Jesus Christus, aber damit ist noch mehr verbunden. Wirklich an Jesus Christus zu glauben, bedeutet, daß wir Gott als den Allgewaltigen akzeptieren, als den, der gesagt hat, daß er ist und daß nichts geschieht ohne sein Wissen und ohne seinen Willen.

Wenn wir das entschieden glauben und dann Gott für alle offensichtlich bösen Umstände um uns her loben und preisen, bin ich überzeugt, daß *jede* schwierige Situation, *jeder* unangenehme Zustand durch die Hand Gottes verwandelt wird.

Wenn ich das nun sage, so bin ich mir bewußt, daß die meisten Menschen sofort daraus den Schluß ziehen, Gott verändere eine Situation so, wie *wir* es für richtig halten würden. Aber das will ich damit *nicht* sagen.

Wenn wir eine böse Situation oder einen unangenehmen Zustand Gott völlig anvertrauen und ihn dafür preisen, wird die Kraft Gottes die Absicht und den Plan der in der betreffenden Situation wirkenden bösen Macht so verändern, umstoßen oder überwinden, daß sie in den ursprünglichen, vollkommenen Plan Gottes, in seine Absicht hineinpassen.

Vielleicht verstehen wir Gottes Plan nicht und können ihn nicht als gut anerkennen, aber wenn wir ihn dafür preisen, wird dadurch die Kraft Gottes frei und bewirkt, daß diese Situation uns zum Besten dient.

(Unsere Vorstellungen von gut und böse sind sowieso oft ganz verkehrt. Wenn zum Beispiel ein Kind eine Million erbt, sagen wir: „Großartig!" Wenn aber ein Kind stirbt und in den Himmel geht, sagen wir: „Wie traurig!" Und doch wissen wir, daß ein Millionenerbe Untergang bedeuten, während der Heimgang in den Himmel nur gut sein kann.)

Wenn wir Gott in allen Lebenslagen preisen, glaube ich, daß in der Tat manche Sperlinge vor dem Fallen bewahrt werden, daß manche Kinder nicht sterben und daß mancher Krebskranke gesund wird. Doch dies soll *nicht* das Motiv für unseren Dank sein. Manche Sperlinge werden trotzdem fallen, manche Kinder werden dennoch überfahren, und manche Menschen werden dennoch an Krebs sterben. Unser Dank muß *für* diese Umstände dargebracht werden.

Wir sollen Gott preisen dafür, daß er Unangenehmes in unser Leben bringt, und ihm vertrauen, daß er einen Plan und eine Absicht damit verfolgt. Aber was sollen wir nun als nächstes tun? Wie reagieren wir persönlich auf das Böse, wenn wir plötzlich damit konfrontiert werden? Hierüber gibt es unter den Gläubigen eine Menge verschwommener Ansichten.

Jesus gebot seinen Nachfolgern: „Ihr sollt euch überhaupt nicht gegen das Böse wehren" (Matthäus 5, 39). Trotzdem lesen wir, daß, als er im Tempel die Ochsen-, Schaf-, Taubenhändler und die Geldwechsler entdeckte, „er sich aus Stricken eine Peitsche machte und alle Ochsen und Schafe aus dem Tempel trieb, daß er die Tische der Geldwechsler umstieß und ihre Geldstücke auf den Boden warf" (Johannes 2, 15).

Wir sehen, wie Jesus hier in aller Öffentlichkeit gegen das Böse vorging. Doch leistete er keinerlei Widerstand, als er im Garten Gethsemane festgenommen wurde; ja, er rügte sogar seine Jünger, die versuchten, ihn mit dem Schwert zu verteidigen.

Es gibt also Fälle, in denen wir gegen die bösen Mächte offen vorgehen müssen, und es gibt auch Fälle, in denen wir uns widerstandslos unterwerfen sollen. Woher wissen wir nun, wann wir was tun müssen?

Ich glaube, unsere einzige Hilfsquelle ist hier die Erkenntnis, daß wir in uns selbst keine Kraft haben, das Böse zu überwinden. Die Kraft, die überwindet, ist immer von Gott. Das Wesentliche in der Botschaft Gottes an uns besteht darin, daß wir lernen müssen, unser Augenmerk auf ihn, die Quelle der Überwinderkraft, zu richten und unsere Aufmerksamkeit abzuwenden vom Bösen, mit dem wir konfrontiert werden. Dann wird er uns auch Augenblick um Augenblick zeigen, wie wir handeln sollen.

Paulus schrieb an die Römer: „Laß dich nicht vom Bösen überwinden, sondern überwinde das Böse mit Gutem" (Römer 12, 21 — Luther-Übersetzung).

Im Fall von Jesu Festnahme und Kreuzigung war es gerade das widerstandslose Ertragen des Bösen, was die Macht des Bösen in der Welt zerbrach.

Jesus wollte uns zeigen, daß es eine bessere Möglichkeit gibt, sich mit dem Bösen auseinanderzusetzen, als ihm Widerstand zu leisten — jedenfalls nicht in dem Sinn, wie wir den Widerstand verstehen. Unter Widerstand verstehen wir, daß man in gleicher Weise reagiert, daß man Gewalt gegen Gewalt anwendet, und so reagieren wir dann auf unangenehme, widerliche Umstände, anstatt daß wir auf Gottes Gegenwart und Führung in der betreffenden Situation achten.

Jedesmal, wenn Anlaß unseres Handelns die uns umgebende mißliche Situation ist und nicht der Glaube an Gottes Kraft und an seine vollkommene Beherrschung der Lage, dulden wir, daß das Böse uns überwindet, anstatt daß wir das Böse durch die Kraft Gottes überwinden.

Jesus war kein Pazifist. Wenn er sagte: „Ihr sollte euch überhaupt nicht gegen das Böse wehren", dann meinte er damit, wir sollten statt dessen die Kraft Gottes über das Böse *aktiv* anerkennen und einsehen, daß Gott manchmal offensichtlich böse Verhältnisse dazu benützt, seinen Plan zum Guten hinauszuführen.

Wenn wir in einem solchen Fall dem Bösen widerstreben, tragen wir dazu bei, daß Gottes Plan vereitelt wird. Wäre es seinen Jüngern gelungen, die Gefangennahme Jesu im Garten Gethsemane zu verhindern, hätten sie damit Gottes Plan durchkreuzt, obwohl es ihnen als großer Sieg über das Böse erschienen wäre.

Jesus ist gekommen, um zu siegen, und nicht, um uns beizubringen, wie man trotz Niederlage noch einigermaßen glimpflich davonkommt.

Sowohl Jakobus als auch Petrus ermahnen uns, im Kampf gegen den Satan fest zu stehen. Wenn wir uns den Zusammenhang ihrer Botschaft ansehen, wird uns klar, daß sie mit Jesus und mit Paulus völlig im Einklang stehen.

„Deshalb sollt ihr euch Gott unterstellen. Leistet dem Satan Widerstand, und er wird von euch ablassen. Nähert euch Gott, und er wird sich euch nähern" (Jakobus 4, 7). „Seid nüchtern und wachsam! Euer Feind, der Teufel, schleicht wie ein hungriger Löwe um die Herde ... Leistet ihm Widerstand und haltet unbeirrt am Glauben fest ..." (1. Petrus 5, 8—9).

Unser einziger Schutz gegen die Macht Satans ist die Kraft Gottes. Diese Kraft wird frei, wenn wir fest im Glauben beharren, daß Gott in vollkommener, liebender Weise jede Einzelheit unserer Verhältnisse unter Kontrolle hat. Diesen Glauben bringen wir dadurch zum Ausdruck, daß wir Gott für die jeweilige Situation loben und ihm dafür danken.

Wir werden ermahnt, vorsichtig zu sein und auf die Angriffe des Feindes zu achten, doch unsere Aufmerksamkeit muß vor allem auf Gott gerichtet sein, nicht auf Satan. Wir sollen uns des Feindes bewußt sein, doch unser Schutz liegt nicht darin, daß wir den Feind beobachten, sondern vielmehr darin, daß wir Gottes Kraft kennen.

Wenn wir der Furcht und den Zweifeln Raum geben und uns in Gedanken ständig mit dem Bösen beschäftigen, blockieren wir die Kraft Gottes, und sie kann nicht in unsere Situation hineinkommen. Wir müssen lernen, das Böse in der richtigen Perspektive zu sehen, nämlich als der mächtigen Kraft Gottes unterstellt, und müssen es dann dieser Kraft Gottes überlassen, nach Gottes vollkommenem Plan alles zum Besten hinauszuführen.

Unsere Aufgabe ist es, im Glauben fest zu beharren und den Anweisungen des heiligen Geistes zu gehorchen, denn dieser wird uns anleiten, wie wir uns in der jeweiligen Situation zu verhalten haben. Innerlich müssen wir unsere Augen *immer* auf Gott gerichtet halten und ihn in allen Dingen für seine Güte und Barmherzigkeit loben und preisen.

Fest im *Glauben* zu beharren bedeutet: nach freiem Willensentschluß Gottes Wort zu akzeptieren, daß er Herr der Lage ist, ungeachtet dessen, wie unsere Gefühle oder unsere äußeren Umstände auch aussehen mögen.

Die Bibel sagt ganz klar, daß Gott Herr über alle Dinge ist: über jedes Gewitter, jedes Erdbeben, jeden Orkan oder Wirbelsturm, jede Hungersnot, jede Epidemie, über jede Geburt, jeden Todesfall, über jede Blume auf der Wiese, jeden Sperling auf dem Dach und jedes Haar auf unserem Kopf. An uns liegt es zu entscheiden, ob wir ihm auf der ganzen Linie glauben wollen oder nicht.

Manche Menschen sagen: „Es ist mir klar, daß Gott für manche Dinge verantwortlich ist, aber es geht mir nicht ein, daß er alle Dinge in der Hand haben soll."

Dies ist jedoch keine ausreichende Grundlage für unser Dankgebet, und auf diesen bestimmten Gebieten, auf denen wir Gottes Hand nicht sehen wollen, dürfen wir nie mit einer Gebetserhörung oder einem Beweis seiner verwandelnden Kraft rechnen.

Wir wollen einmal sehen, was die Bibel über bestimmte Bereiche sagt, in denen es uns so schwerfällt, Gottes Hand zu erkennen.

Habakuk war ein Prophet, der über die Zustände in seinem Land klagte, ähnlich wie es manche von uns über unsere heutige Welt tun.

„Herr, wie lange soll ich schreien, und du willst nicht hören?" rief Habakuk. (Er dachte nicht im entferntesten daran, daß Gott hören könnte, und ich befürchte, daß viele Christen unserer modernen Zeit in diesem Punkt der gleichen Ansicht sind.) „Wie lange soll ich zu dir rufen: Frevel! und du willst nicht helfen? Warum läßt du mich Bosheit sehen und siehst dem Jammer zu? Raub und Frevel sind vor mir; es geht Gewalt vor Recht. Darum ist das Gesetz ohnmächtig, und die rechte Sache kann nie gewinnen; denn der Gottlose übervorteilt den Gerechten; darum ergehen verkehrte Urteile" (Habakuk 1, 2—4).

Sind dir beim Betrachten unserer heutigen Welt nicht auch schon ähnliche Gedanken gekommen? Mir sind sie gekommen.

Gott antwortete dem Propheten: „Sehet und verwundert euch! Denn ich will etwas tun zu euren Zeiten, was ihr nicht glauben werdet, wenn man davon sagen wird. Denn siehe, ich will die Chaldäer erwecken, ein grimmiges und schnelles Volk, das hinziehen wird, so weit die Erde ist, um Wohnstätten einzunehmen, die ihm nicht gehören" (Habakuk 1, 5—6).

Gott sagte, daß *er* eine grausame, mächtige Nation erwecken würde, und diese würde die ganze Welt erobern. Meinst du etwa, irgendeine Armee in der Weltgeschichte sei jemals anders aufgetreten als auf diese Weise?

Gott *ließ* nicht *zu,* daß die Chaldäer siegen durften, er *erweckte* sie sogar. Und wie war es bei Napoleon? Bei Hitler? Wie ist es bei den kommunistischen Armeen Rußlands und Chinas? Sind wir bereit, Gott dafür zu danken, daß er sie erweckte? Können wir sein Wort akzeptieren, daß er sie zu unserem Besten kommen ließ? Können wir ihn aufrichtigen Herzens dafür loben und preisen?

Habakuk erschrak, als er Gottes Absicht erfuhr.

„Du, Herr, mein Gott, mein Heiliger", rief er, „der du von Ewigkeit her bist, laß uns nicht sterben, sondern laß sie uns, o Herr, nur eine Strafe sein, und laß sie, o unser Fels, uns nur züchtigen. Deine Augen sind zu rein, als daß du Böses ansehen könntest, und dem Jammer kannst du nicht zusehen! Warum siehst du dann aber den Räubern zu und schweigst, wenn der Gottlose den verschlingt, der gerechter ist als er?" (Habakuk 1, 12—13.)

Hast du dich auch schon gefragt, warum Gott es zuläßt, daß böse, grausame Menschen Unschuldige unterdrücken? Ich habe mich das schon oft gefragt.

Habakuk fuhr fort: „Du läßt es den Menschen gehen wie den Fischen im Meer, wie dem Gewürm, das keinen Herrn hat. Sie ziehen's alles mit der Angel heraus und fangen's mit ihrem Netze und sammeln's mit ihrem Garn. Darüber freuen sie sich und sind fröhlich ... Sollen sie darum ihr Netz immerdar ausleeren und Völker umbringen ohne Erbarmen?" (Habakuk 1, 14—15.17.)

Gott blieb auf die Fragen Habakuks nicht stumm und gebot ihm, die Antworten aufzuschreiben, damit die ganze Welt sie erfahren und in Erinnerung behalten würde.

„Die Weissagung wird ja noch erfüllt werden zu ihrer Zeit und wird endlich frei an den Tag kommen und nicht trügen. Wenn sie sich auch hinzieht, so harre ihrer; sie wird gewiß kommen und nicht ausbleiben" (Habakuk 2, 3).

Gott kommt nie zu spät! Seine Uhr geht haargenau; wir sind diejenigen, die oft falsch kalkulieren.

„Siehe, wer halsstarrig ist (wie es die Chaldäer sind)", sagte Gott zu Habakuk weiter, „der wird keine Ruhe in seinem Herzen haben, der Gerechte aber wird durch seinen Glauben leben" (Habakuk 2, 4).

Am Ende würden die Chaldäer scheitern; ihre eigene Anmaßung würde sie zu Fall bringen, ihre eigene Habgier würde sie verschlingen. Ihre momentane Herrlichkeit würde als Folge ihres bösen Wesens in Schande verwandelt werden, bis dann die Zeit kommen würde, in der die ganze Erde von der Herrlichkeit Gottes erfüllt sein würde. Jetzt erkannte Habakuk das ganze wunderbare Ausmaß des Planes Gottes, und nun brach er aus in ein Lied des Sieges und der Anbetung.

„Herr, ich habe die Kunde von dir gehört, ich habe dein Werk gesehen, Herr! Mache es lebendig in naher Zeit, und laß es kundwerden in naher Zeit ... Seines Lobes war der Himmel voll, und seiner Ehre war die Erde voll. Sein Glanz war wie Licht; Strahlen gingen aus von seinen Händen. Darin war verborgen seine Macht. Pest ging vor ihm her, und Seuche folgte, wo er hintrat. Er stand auf und ließ erbeben die Erde; er schaute und ließ erzittern die Heiden. Zerschmettert wurden die uralten Berge, und bücken mußten sich die uralten Hügel, als er wie vor alters einherzog" (Habakuk 3, 2—6).

Habakuk war von Ehrfurcht ergriffen, als er diese Vision sah. Er bezweifelte nun nicht mehr, daß Gott Herr war über Feuer, Erdbeben, Pest, Hungersnöte und Kriege. Habakuks Lippen zitterten vor Furcht, seine Knie wurden weich, und sein ganzer Leib bebte vor Schrecken; doch er sang Gott ein Lied: „Da wird der Feigenbaum nicht grünen, und es wird kein Gewächs sein an den Weinstöcken. Der Ertrag des Ölbaums bleibt aus, und die Äcker bringen keine Nahrung; Schafe werden aus den Hürden gerissen, und in den Ställen werden keine Rinder sein. Aber ich will mich freuen des Herrn und fröhlich sein in Gott, meinem Heil. Denn der Herr ist meine Kraft, er wird meine Füße machen wie Hirschfüße und wird mich über die Höhen führen" (Habakuk 3, 17—19).

Habakuk bebte vor Schrecken über die Vision, die ihm Gott über die Zukunft gab. Aber er erkannte auch, daß Gott ein Gott der Liebe, des Rechts und der Barmherzigkeit war, und deshalb zögerte er keinen Augenblick, sich seinen Händen vollständig anzuvertrauen und ihm für seinen vollkommenen Plan für Israel zu danken.

Auch uns gilt Gottes Gebot, ihm zu danken — selbst wenn unsere Lippen vor Furcht beben und wir vor Schrecken über die äußeren Umstände seines Planes für unser Leben erzittern.

Durch den Propheten Jesaja sagte Gott seinem Volk, daß er den König Cyrus von Persien erwecken werde und durch ihn viele Völker besiegen und vernichten lassen wolle. König Cyrus kannte Gott nicht, trotzdem sollte er nach Gottes Plan das Werkzeug sein, durch das er die Juden aus der babylonischen Gefangenschaft zurückführen und den Tempel und Jerusalem wieder aufbauen lassen würde.

Warum erwählte Gott wohl gerade Cyrus, einen heidnischen König, um seinen Plan durchzuführen? Denen, die ihm diese Frage stellen würden, gab er zur Antwort: „... der ich das Licht mache und schaffe die Finsternis, der ich Frieden gebe und schaffe Unheil. Ich bin der Herr, der dies alles tut ... Weh dem, der mit seinem Schöpfer hadert, eine Scherbe unter irdenen Scherben! Spricht denn der Ton zu seinem Töpfer: Was machst du? und sein Werk: Du hast keine Hände! ... So spricht der Herr, der Heilige Israels und sein Schöpfer: Wollt ihr mich zur Rede stellen wegen meiner Söhne? Und wollt ihr mir Befehl geben wegen des Werkes meiner Hände? Ich habe die Erde gemacht und den Menschen auf ihr geschaffen. Ich bin's, dessen Hände den Himmel ausgebreitet haben und der seinem ganzen Heer geboten hat. Ich habe ihn (Cyrus) erweckt in Gerechtigkeit, und alle seine Wege will ich eben machen ..." (Jesaja 45, 7.9.11—13).

Wenn wir uns weigern, in jeder Lebenslage Gottes Hand zu erkennen, dann gleichen wir einem Topf, der mit seinem Hersteller rechtet. Wir sagen: „Wenn *ich* Gott wäre, würde ich es ganz bestimmt nicht *so* machen. Ich würde kein Erdbeben nach Peru schicken, ich würde das kleine Mädchen nicht an Leukämie sterben lassen, ich würde es nicht zulassen, daß dieser Pfarrer von der Kanzel herunter die Unwahrheit verbreitet und dadurch leichtgläubige Menschen in die Irre führt ... Und ich würde es auch nicht zulassen, daß Rauschgifthändler kleine Kinder verführen!"

Gott weiß, wie uns diese Dinge schmerzen und wie begrenzt unser Verständnis ist. Er sprach durch den Propheten Jesaja:

„Meine Gedanken sind nicht eure Gedanken, und eure Wege sind nicht meine Wege, spricht der Herr, sondern so viel der Himmel höher ist als die Erde, so sind auch meine Wege höher als eure Wege und meine Gedanken als eure Gedanken. Denn gleichwie der Regen und Schnee vom Himmel fällt und nicht wieder dahin zurückkehrt, sondern feuchtet die Erde und macht sie fruchtbar und läßt wachsen, daß sie gibt Samen, zu säen, und Brot, zu essen, so soll das Wort, das aus meinem Munde geht, auch sein: Es wird nicht wieder leer zu mir zurückkommen, sondern wird tun, was mir gefällt, und ihm wird gelingen, wozu ich es sende“ (Jesaja 55, 8-11).

Unsere Enttäuschung und unsere Zweifel gegenüber Gottes Plan haben ihre Wurzeln darin, daß wir Gott mißtrauen. Wir sind nicht davon überzeugt, daß er nur unser Bestes beabsichtigt.

Wir fragen, ob es notwendig ist, daß ein unschuldiges Kind unter die Räder eines Autos kommt, das von einem Betrunkenen gesteuert wird, nur damit der Fahrer zur Einsicht kommt, daß er Gott braucht. Ist Gott die Seele des betrunkenen Fahrers mehr wert als das Kind oder die leidtragenden Eltern?

Wir stellen alle unzählige solche Fragen und überdenken sie immer wieder aufs neue. Wir reiben uns innerlich mit diesen Fragen auf, haben dabei keinen Frieden, und die Situation bleibt doch unverändert die gleiche.

Der einzige Ausweg aus diesem Dilemma ist das Erfassen des Wortes Gottes im Glauben — egal, was wir denken, fühlen oder sehen. Wir haben sein Wort, daß er uns liebt und daß der Tod eines unschuldigen Kindes sich in den liebevollen Plan Gottes für jedes der Beteiligten wunderbar einfügt.

Gottes Liebe zu uns können wir nur im Glauben akzeptieren, so wie wir auch jede andere Verheißung in der Bibel im Glauben akzeptieren müssen. Wir müssen bewußt an das Wesen seiner Liebe glauben, weil er sagt, daß es so ist, ohne Rücksicht darauf, ob wir uns geliebt *fühlen* oder nicht.

Die Gute Nachricht der Bibel lautet: Gott liebt uns mit einer Liebe, die freundlicher, geduldiger und mehr um unser Glück und unser Wohlergehen besorgt ist, als dies irgendeine menschliche Liebe sein könnte. Gott liebt uns und hat einen vollkommenen Plan für unser Leben. Er sandte seinen Sohn, der für uns starb und uns in einer Welt voll Leid ein neues Leben voll Freude und Frieden schenkte.

Mit unserem begrenzten menschlichen Verständnis sind wir einfach nicht in der Lage, das wunderbare Ausmaß von Gottes Plan für uns und für diese Welt zu begreifen. Wie Habakuk sind auch wir erschüttert darüber, daß Gott Erdbeben und Kriege, Leiden und Tod benützt, um seinen Plan hinauszuführen.

Gottes Plan ist ein vollkommener Plan. Es ist der einzige Plan, der auf dieser Erde, wo die Rebellion des Menschen, wo das Böse herrscht, zum Ziele führt. Schauen wir doch einmal in die Geschichte hinein, was für ein heilloses Durcheinander wir angerichtet haben in dem Versuch, unser Geschick selbst zu lenken.

Zu Jesaja sprach Gott, sein Plan sei nicht das, was wir Menschen machen würden, denn seine Gedanken seien viel höher als die unsrigen, seine Perspektive sei viel höher. Gott hat unser Bestes im Auge.

„Ihr sollt in Freuden ausziehen und im Frieden geleitet werden. Berge und Hügel sollen vor euch her frohlocken mit Jauchzen und alle Bäume auf dem Felde in die Hände klatschen ... Und dem Herrn soll es zum Ruhm geschehen und zum ewigen Zeichen (von Gottes Kraft und Liebe)" (Jesaja 55, 12—13).

Gott möchte uns mit Segen überschütten. Er möchte in jeder Weise für uns sorgen, bis hin zur kleinsten Einzelheit in unserem täglichen Leben. Doch wir schauen beharrlich auf all die Umstände, auf die äußeren Auswirkungen seines Planes und stellen Spekulationen an darüber, was sie bedeuten könnten und wie sie sich wohl in das Ganze einfügen, während Gott uns gebietet, nur auf ihn zu blicken und ihm völlig zu vertrauen.

Wir lassen unser Verständnis zur Mauer zwischen uns und Gott werden, wenn wir darauf bestehen, seinen Plan verstehen und billigen zu wollen, bevor wir uns ihm ganz anvertrauen.

Wie am Anfang bei unserer Bekehrung müssen wir auch hier seinen Willen und Plan akzeptieren, bevor wir ihn verstehen. Wir müssen unser Verlangen, das Tun Gottes verstehen und begreifen zu wollen, bewußt auf die Seite legen und unseren Willen zusammenreißen zu dem Entschluß, seinem Wort ganz zu vertrauen.

Sein Plan für uns ist gut. Können wir ihm das glauben?

Er hatte auch für Hiob einen guten Plan, doch es war ein Plan, der Hiobs Glauben aufs äußerste auf die Probe stellte und sein Verständnis ins Wanken brachte.

Hiob war ein guter Mensch. Selbst Gott sagte von ihm: „Es ist seinesgleichen nicht auf Erden, fromm und rechtschaffen, gottesfürchtig und meidet das Böse" (Hiob 1, 8).

Was geschah nun mit Hiob? Er verlor alles, was er besaß: sein Vieh, seine Knechte ... und eines Tages stürzte das Haus ein, und alle seine Kinder kamen dabei ums Leben.

Wenn das dir oder deinem Nachbarn passieren würde, würdest du sagen, das habe Gott getan? Oder Satan?

Bei Hiob *war* es Satan. Aber wie kam es denn überhaupt so weit? Eines Tages trat Satan vor Gott und bat um Erlaubnis, all dieses Leid über Hiob bringen zu dürfen.

Satan mag im Drama unseres Lebens zwar die Rolle eines Mitwirkenden übernehmen, aber denken wir stets daran, daß Gott immer noch die Leitung in Händen hat.

Wie reagierte nun Hiob? Er fiel vor Gott auf die Erde und zerriß vor Gram sein Gewand.

„Ich bin nackt von meiner Mutter Leibe gekommen, nackt werde ich wieder dahinfahren. Der Herr hat's gegeben, der Herr hat's genommen; *der Name des Herrn sei gelobt!*" (Hiob 1, 21.)

Aber das war noch nicht das Ende der Trübsal Hiobs. Satan trat noch einmal vor Gott und bat um Erlaubnis, Hiob noch mehr zu peinigen. Und Gott gab seine Zustimmung.

Diesmal wurde Hiob am ganzen Leib mit Geschwüren geschlagen, so schlimm, daß seine Gestalt ganz verfiel und niemand mehr seinen Anblick ertragen konnte. Seine eigene Frau sagte zu ihm, er solle Gott fluchen und sterben, und seine Nachbarn, die ihn immer so sehr respektiert hatten, verspotteten ihn jetzt und wandten sich von ihm ab. Drei seiner besten Freunde, die ihn besuchten, um ihm zu sagen, sein Leiden rühre von seinen Sünden her, gaben ihm den Rat, Buße zu tun.

Hiob zweifelte nie daran, daß Gott dieses Unglück über ihn gebracht hatte. Er rief um Barmherzigkeit, war aber überzeugt, daß es nicht seine Sünden waren, die dieses Leid über ihn gebracht hatten. Hiob wußte in seinem Herzen, daß er ein gerechter Mensch war, und vertraute Gott.

„Siehe, tötet er mich, ich werde auf ihn warten; nur will ich meine Wege ihm ins Angesicht rechtfertigen" (Hiob 13, 15 — Elberfelder Übersetzung).

Hiobs Glaube, daß Gott Herr der Lage war, wurde nie erschüttert, doch sein Verständnis stellte Gottes Absichten und Methoden in Frage. Wir alle haben schon irgendwann einmal in unserem Leben die gleichen Fragen gestellt, die Hiob stellte.

„Warum läßt du Armut zu, Gott? Warum läßt du die Unschuldigen leiden? Warum leben böse Menschen so sorglos und im Luxus? Warum erhörst du meine Bitte nicht? Gott, warum läßt du mich nicht sterben, damit mein Leiden ein Ende nimmt und ich bei dir ausruhen kann?"

Gottes Antwort an Hiob war die strenge Zurechtweisung eines Vater an den Sohn.

„Wo warst du, als ich die Erde gründete? Sage mir's, wenn du so klug bist! . . . Hast du zu deiner Zeit dem Morgen geboten und der Morgenröte ihren Ort gezeigt? ... Welches ist der Weg dahin, wo das Licht sich teilt und der Ostwind hinfährt über die Erde? ... Kannst du die Bande des Siebengestirns zusammenbinden? ... Kannst du die Sterne des Tierkreises aufgehen lassen? ... Wer gibt verständige Gedanken? ... Wer hat dem Wildesel die Freiheit gegeben? ... Kannst du dem Roß Kräfte geben oder seinen Hals zieren mit einer Mähne? ... Fliegt der Adler auf deinen Befehl so hoch und baut sein Nest in der Höhe? ... Wer mit dem Allmächtigen rechtet, kann der ihm etwas vorschreiben? Wer Gott zurechtweist, der antworte!" (Hiob 38, 4.12.24.31.32.36; 39, 5.19.27; 40, 2.)

Hiob antwortete: „Ich bin zu gering, was soll ich antworten? Ich will meine Hand auf meinen Mund legen. Einmal habe ich geredet und will nicht mehr antworten, ein zweites Mal geredet und will's nicht wieder tun" (Hiob 40, 4—5).

Gott fuhr fort und schilderte seine Schöpfung in eindrucksvoller Weise: die Tiere, ihre Lebensweise, ihre Stärke, Gottes Macht über alle Menschen.

„Wer ist denn, der vor mir bestehen könnte? Wer kann mir entgegentreten und ich lasse ihn unversehrt? Unter dem ganzen Himmel ist keiner!" (Hiob 42, 2—3).

Hiob antwortete: „Ich erkenne, daß du alles vermagst, und nichts, das du dir vorgenommen, ist dir zu schwer ... Darum habe ich unweise geredet, was mir zu hoch ist und ich nicht verstehe ... Ich hatte von dir nur vom Hörensagen vernommen; aber nun hat mein (geistliches) Auge dich gesehen. Darum spreche ich mich schuldig und tue Buße in Staub und Asche" (Hiob 42, 2—3 und 5—6).

Der Herr sprach auch in scharfem Ton mit den drei Freunden Hiobs, die die Gründe für sein Leiden vollkommen mißverstanden hatten.

Gott sagte ihnen klar heraus, daß sie nicht recht gehandelt hatten. Er gebot ihnen, ein Brandopfer zu opfern und Hiob Fürbitte einlegen zu lassen.

Die drei Männer taten, wie ihnen befohlen wurde, und „der Herr wandte das Geschick Hiobs, als er für seine Freunde Fürbitte tat. Und der Herr gab Hiob doppelt soviel, wie er gehabt hatte" (Hiob 42, 10).

Es ist interessant festzustellen, daß Gott Hiob segnete, als er für die betete, die ihn fälschlicherweise beschuldigt hatten. Hiob hatte seine Lektion gelernt. Nie mehr würde er Gottes Herrschaft im Universum in Frage stellen. Nie mehr würde er nur mit seinen natürlichen Sinnen sehen und hören, sondern hinfort alles auch mit seinem neu gewonnenen geistlichen Verständnis erfassen.

Gott hatte einen vollkommenen Plan für Hiob. Seine Anfechtungen wurden zwar von Satan ausgeführt, waren aber von Gott zugelassen, um Hiob größeren Glauben und höhere Weisheit zu vermitteln, und um ihm zu zeigen, wie groß und liebevoll Gott einfach ist.

Gott hatte auch einen vollkommenen Plan für Ruth, die Moabitin. Doch zunächst sah es so aus, als würde sie vom Mißgeschick verfolgt. Zuerst verlor sie ihren Ehemann. Dann kehrte sie mit ihrer Schwiegermutter nach Bethlehem zurück, wo sie so arm waren, daß Ruth auf die Felder der reichen Bauern gehen mußte, um aufzulesen, was von der Ernte übrigblieb. Das hört sich so ganz und gar nicht nach einem wunderbaren Plan an, nicht wahr? Doch Ruth vertraute Gott, und dort auf dem Felde lernte sie Boas, einen reichen Verwandten ihres verstorbenen Mannes, kennen. Boas verliebte sich in Ruth und heiratete sie. Wieder einmal hatte Gottes Plan zum Ziel geführt: Ruth wurde die Großmutter von König David.

Und wie war es um den vollkommenen Plan für Josephs Leben bestellt?

Nach Gottes Plan sollte Joseph Pharaos rechte Hand in Ägypten werden, weil Gott ihn dazu ersehen hatte, zur rechten Zeit und Stunde sein Volk Israel vor dem Hungertod zu bewahren.

Joseph wurde von seinen Brüdern als Sklave an eine Karawane ismaelitischer Händler verkauft, die sich auf dem Weg nach Ägypten befanden. Dies war der erste Schritt in Gottes Plan; doch Josephs Brüder hatten nicht die geringste Ahnung, daß sie mit ihrem bösen Handeln Gottes Absicht dienten. Sie haßten eben ihren Bruder und wollten ihm Schaden zufügen.

Später bekam Joseph eine Vertrauensstellung als Verwalter eines einflußreichen Ägypters, und es sah bereits so aus, als wäre er auf dem besten Wege zu Erfolg und Ansehen. Doch dann wurde er fälschlicherweise der versuchten Vergewaltigung der Frau des Ägypters bezichtigt und ins Gefängnis geworfen. Nehmen wir einmal an, das würde dir passieren; würdest du denken, der Teufel habe nun einen großen Sieg erlangt? Oder könntest du es als Teil von Gottes vollkommenem Plan akzeptieren?

Im Gefängnis fügte es Gott dann so, daß Joseph Pharaos Mundschenk kennenlernte und dessen Traum auslegen durfte. Joseph bat den Mundschenk, beim Pharao für ihn ein gutes Wort einzulegen, was der Mundschenk auch versprach. Aber als dieser wieder in Freiheit war, vergaß er Joseph völlig. Joseph verbrachte weitere zwei Jahre im Gefängnis, und auch das sah wieder sehr nach einer unglückseligen Laune des Schicksals aus. Doch Gottes Zeitplan stimmte haarscharf. Pharao träumte zwei ganz seltsame Träume, die niemand auslegen konnte. Plötzlich fiel dem vergeßlichen Mundschenk der Häftling ein, den er vor zwei Jahren im Gefängnis kennengelernt hatte. Joseph wurde vor Pharao gebracht, und Gott gab ihm die Auslegung der Träume Pharaos. Sieben Jahren reicher Ernten würden sieben Jahre schwerer Hungersnot folgen. Pharao akzeptierte die Auslegung seiner Träume und beauftragte Joseph mit der Einbringung und Lagerung der Ernteerträge während der sieben ertragreichen Jahre sowie mit der Verwaltung und Verteilung der gelagerten Lebensmittelbestände während der folgenden sieben ertragsarmen Jahre.

Als Josephs Brüder nach Ägypten kamen, um Getreide zu kaufen, gab er sich ihnen zu erkennen; von Furcht und Gewissensbissen ergriffen fielen sie vor ihm nieder. Doch Joseph sprach folgende Worte zu ihnen: „Und nun bekümmert euch nicht und denkt nicht, daß ich darum zürne, daß ihr mich hierher verkauft habt; denn um eures Lebens willen hat mich Gott vor euch hergesandt ... Ihr habt mich nicht hergesandt, sondern Gott ... Ihr gedachtet es böse mit mir zu machen, aber Gott gedachte es gut zu machen, um zu tun, was jetzt am Tage ist, nämlich am Leben zu erhalten ein großes Volk" (1. Mose 45, 5.8; 50, 20).

Gott *gedachte* es gut zu machen! Oft geben wir zu, daß Gott zwar in der Lage ist, alle Dinge zum Besten dienen zu lassen, wie es die Bibel sagt, aber wir vertreten die Auffassung, Gott nehme das, was uns gerade so zufällig zustoße, und mache daraus gerade noch so das Beste, so eine Art Segen aus zweiter Hand. Doch Gott befindet sich nicht in der Defensive. Er braucht sich nicht darauf zu beschränken, aus einer schlechten Situation gerade noch das Beste zu machen. *Bei Gott liegt stets die Initiative!* Daran müssen wir uns immer und immer wieder erinnern.

Bei Gott lag auch die Initiative, als Stephanus zu Tode gesteinigt wurde (Apostelgeschichte 7). Stephanus war ein Mann voll heiligen Geistes, der dem Herrn treu diente. Bei seinem Tod war auch Saulus von Tarsus, ein fanatischer junger Christenverfolger, unter den Zuschauern.

Stephanus traute es offensichtlich Gott zu, daß er vollkommen Herr der Lage war, denn als die Steine nach ihm geschleudert wurden, kniete er nieder und rief mit lauter Stimme: „Herr, strafe sie nicht für diese Schuld!" Und dann starb er. Stephanus wußte, wenn seine Verfolger auch Böses mit ihm im Sinn hatten, so gedachte es Gott gut zu machen.

Könntest du Gott danken für die Ermordung des christusähnlichsten Christen, den du kennst, und könntest du auch glauben, daß Gott dieses tragische Ereignis zum Allerbesten hinausführt?

Aus Saulus von Tarsus wurde der große Apostel Paulus, nachdem er auf der Straße nach Damaskus jenes entscheidende Bekehrungserlebnis hatte. Auch er machte in seinem Dienst am Evangelium Erfahrungen, die nach außen hin als reines Mißgeschick anmuteten.

Als Paulus und Silas nach Philippi kamen, wurden sie beschuldigt, in der Stadt einen Aufruhr angerichtet zu haben. Sie wurden entkleidet und mit Ruten ausgepeitscht, bis ihnen das Blut vom nackten Rücken floß. Dann wurden sie in das innerste Gefängnis des Kerkers gesperrt und ihre Füße in den Stock gezwängt (Apostelgeschichte 16, 20—24).

Doch Paulus und Silas waren keineswegs der Ansicht, nun habe Satan einen Sieg errungen oder Gott habe sie verlassen. Sie waren überzeugt, daß Gott sie zur Verkündigung des Evangeliums nach Philippi gerufen hatte und daß alles dazu dienen mußte, den vollkommenen Plan Gottes für ihr Leben hinauszuführen. Sie jammerten deshalb nicht, sie klagten nicht, sie schrien auch nicht zu Gott um Hilfe. Mit wundgeschlagenem Rücken und unfähig, die schmerzenden Beine auszustrecken, saßen sie dort im Verließ und beteten und sangen Loblieder zu Gottes Ehre.

Plötzlich um Mitternacht geschah ein großes Erdbeben; die Gefängnistüren flogen auf, und die Ketten fielen von den schmerzenden Gliedern der Gefangenen. Der Kerkermeister war außer sich. In der Vermutung, alle Insassen seien geflüchtet, zog er sein Schwert und wollte sich in selbstmörderischer Absicht hineinstürzen. Mit lautem Rufen hielt ihn Paulus davon ab und versicherte ihm, daß alle Gefangenen da wären. Da kam der Kerkermeister und fiel Paulus und Silas zitternd zu Füßen. „Was soll ich tun, daß ich gerettet werde?" fragte er mit flehender Stimme.

Die Bekehrung des Kerkermeisters und seiner ganzen Familie war der Anfang davon, daß die Bewohner der Stadt Philippi das Evangelium annahmen (Apostelgeschichte 16).

Gott hatte einen vollkommenen Plan für die Stadt Philippi. Er sandte Paulus und Silas als seine Zeugen dorthin, und diese besaßen den Glauben, daß Gott seinen Plan hinausführen würde, selbst wenn er dazu Umstände benützen würde, die nicht vorauszusehen waren.

Auch wir möchten immer gerne voraussehen, was Gott tun wird. Weil er einmal gewisse Umstände auf eine bestimmte Art zu Ende geführt hat, ziehen wir daraus den Schluß, er werde in ähnlichen Umständen in gleicher Weise verfahren. Aber nicht immer wurde Paulus auf dramatische Weise aus dem Gefängnis befreit. Manchmal war er jahrelang in Haft.

Paulus mußte viele Trübsale erdulden. Er wurde gesteinigt und blieb wie tot liegen, er erlitt Schiffbruch, wurde von einer Schlange gebissen, erduldete Krankheit und Verfolgung ... aber nicht ein einziges Mal wäre er auf die Idee gekommen zu meinen, Gott würde nicht mehr jede Einzelheit in seinem Leben lenken. Er achtete es alles für Freude und für eine Gelegenheit, Gott zu loben und zu preisen. Paulus wußte, daß seine Leiden sich zu seinen Gunsten auswirken würden.

Jahrelang litt ich an fast unerträglichen Kopfschmerzen. Ich forschte in der Schrift und hielt mich an Gottes Verheißungen für die Kranken fest; aber ich konnte keinen Anhaltspunkt finden, warum ich mit diesem Übel geplagt wurde. Und es wurde auch nicht besser.

In der Zwischenzeit wurde ich von Zweifeln geplagt. Immer und immer wieder stellte ich Spekulationen darüber an, *warum* gerade dieses Leiden mich befallen hatte. Die Gedanken wirbelten mir durch den Kopf. *Warum greift Gott nicht ein? Warum nimmt er dir die Schmerzen nicht ab? Andere Menschen, mit denen du betest, werden gesund, aber du hast immer noch diese fürchterlichen Schmerzen.*

Während ich so in langen, schlaflosen Nächten litt und mich von einer auf die andere Seite warf, quälten mich beharrlich diese Gedanken: *Sieh doch, wie mies es dir geht! Wenn Gott ein gerechter Gott ist, der dein Leiden kennt, dann wird er es dir bestimmt nicht ankreiden, wenn du deinem Leben ein Ende machst. Du brauchst bloß vorsichtig zu Werke gehen, dann wird kein Mensch Selbstmord vermuten. Niemand wird Schaden leiden, und du bist endlich deine Schmerzen los ...*

Gleich den Argumenten von Hiob können sich auch diese Gedanken recht vernünftig anhören, wenn man von Schmerzen gefoltert wird. Sie sind natürlich nichts als ein Haufen Lügen, vom Erzbetrüger Satan selbst erfunden, der sich uns aber nur mit der ausdrücklichen Erlaubnis Gottes nahen darf.

Unser Ankläger und Peiniger muß fliehen, wenn wir uns Gott nahen und uns im Glauben auf sein Wort der Wahrheit stellen.

Meine Kopfschmerzen verschwanden nicht plötzlich, doch ich rang mich zu dem Glauben durch, daß Gott nichts zuläßt, was nicht zu unserem Besten dient. Dehalb mußten auch diese Kopfschmerzen mir zum Besten dienen, und so oft die Schmerzen nun auftraten, fing ich an, Gott dafür zu loben und zu preisen. Als ich das tat, geschah etwas Wunderbares in mir. So eigenartig es klingen mag, aber die Schmerzen wirkten sich allmählich zu meinen Gunsten aus. Je stärker die Schmerzen waren, desto dankbarer wurde ich, und mit dem Loben und Danken erlebte ich eine ungeahnte, tiefe Freude, die mein ganzes Wesen durchdrang.

Richard Wurmbrand berichtet von seinen Erlebnissen, als die physische Qual und die seelische Pein im kommunistischen Gefängnis für ihn unerträglich wurden. Drei Jahre Einzelhaft und Folterung drohten ihm den Verstand zu rauben; doch auch dann noch, als er die äußerste Grenze dessen erreicht hatte, was er aushalten konnte, vertraute Richard Wurmbrand auf Gott und pries ihn für seine stets gegenwärtige Liebe und Barmherzigkeit. Wurmbrand berichtet, daß, als er an diesem Punkt angelangt war, die Freude des Herrn sein Wesen zu durchdringen begann und seine ganze Gefängniszelle erfüllte.

Gott ließ auch ihm sein Leiden zum Besten dienen. Durch seinen Dienst ist Richard Wurmbrand inzwischen weltweit zum Segen geworden, um *deswillen,* was er gelitten hat.

„Gottes Wege sind vollkommen", sagte der Psalmist, „die Worte des Herrn sind durchläutert. Er ist ein Schild allen, die ihm vertrauen" (Psalm 18, 31).

Der Weg mag durch heftige Kämpfe, durch tobende Stürme, durch Feuer und Blut führen, doch Gottes Gegenwart ist überall bei uns, und seine Hand führt uns, so sagt die Bibel.

Können wir daran zweifeln? Er schuf den Soldaten und seine Waffen, den Sturm, das Feuer und die Wasserfluten. Er hat sie alle vollkommen unter seiner Kontrolle.

Warum ließ Gott einen Sturm kommen, als Jesus mit seinen Jüngern auf den See hinausgefahren war? Nur damit seine Macht und Autorität über den Sturm geoffenbart würden (Markus 4).

Warum ließ Gott einen Menschen blind zur Welt kommen?

Jesus zog mit seinen Jüngern des Weges, als sie einen Mann sahen, der von Geburt an blind war. Seine Jünger fragten den Herrn: „,Wer ist schuld, daß er blind geboren wurde? Er selbst oder seine Eltern?' Jesus antwortete: ,Seine Blindheit hat weder mit den Sünden seiner Eltern etwas zu tun noch mit seinen eigenen. Er ist blind, damit Gottes Macht an ihm sichtbar wird'" (9, 2—3). Jesus heilte dann diesen Mann.

Die Jünger sahen den Blinden aus der Sicht menschlicher Beurteilung und menschlichen Verständnisses. Jesus sah die Situation unter der vollkommenen Kontrolle und Macht Gottes.

Alles hängt davon ab, aus welcher Sicht wir die Dinge sehen.

Ich erhalte viele, viele Briefe von Menschen, die das Buch „Ich suchte stets das Abenteuer" gelesen haben. Fünfundsiebzig Prozent der Briefe kommen von Menschen, die mir schreiben, daß sie damit begonnen hätten, Gott für eine schwierige Situation zu preisen, und daß sie erstaunliche Resultate erzielt hätten. Fünfundzwanzig Prozent der Briefe kommen von Menschen, die sich ebenfalls in einer schwierigen Lage befinden, aber sie können nicht glauben, daß Gott seine Hand im Spiel hat und können ihn deshalb auch nicht dafür preisen. Sie sind geschlagen, entmutigt und verzweifelt.

Der Unterschied liegt nicht in der Situation selbst, sondern in der Einstellung und folglich auch im Resultat.

Viele berichten mir vom Tod eines guten Freundes oder eines nahen Verwandten.

„Tom mußte so schrecklich leiden", schrieb mir eine Frau. „Wir nahmen ihn überallhin zu Heilungsgottesdiensten und Gebetsstunden mit. Eine Zeitlang ging es ihm auch besser, und unsere Hoffnung wuchs. Doch dann trat der Krebs erneut auf, und nach Monaten qualvollen Leidens starb er. Wie kann Gott nur so folgewidrig handeln? Es kann doch nicht sein Wille gewesen sein, daß Tom so jung sterben mußte. Er war doch Christ und wollte Gott dienen. Wenn Gott es nur tat, um uns andere dadurch etwas zu lehren, warum mußte dann gerade Tom leiden? Ich glaube nicht, daß ich Gott preisen muß für das, was geschehen ist."

Und hier ein weiterer Brief:

„Charles nahm vor knapp einem Jahr Jesus Christus als seinen Heiland an. Er war ein leuchtender Zeuge für seinen Herrn. Nach sechs Monaten bekam er Krebs. Er wurde zweimal operiert, aber die Wucherung in seiner Lunge trat erneut auf. Er rief die Ältesten seiner Gemeinde, sie salbten ihn mit Öl und beteten um seine Heilung. Als er sich danach wieder untersuchen ließ, war die Wucherung verschwunden. Charles freute sich und pries den Herrn. Nach einigen Monaten bekam er heftige Kopfschmerzen. Er ging zum Arzt und ließ sich untersuchen. Nach zwei Tagen war er tot. Gehirnkrebs.

Ein befreundeter Pastor der Familie reiste mit dem Flugzeug an, um die Trauerfeier zu halten. Im Flugzeug kam er neben einen Jugendlichen zu sitzen. Sie unterhielten sich, und im Verlauf der Unterhaltung erzählte der Pastor Charles' Lebensgeschichte. Noch ehe das Flugzeug landete, übergab der junge Mann sein Leben Jesus Christus. In New Orleans mußte der Pastor umsteigen. Diesmal kam er neben eine junge Frau zu sitzen. Auch sie erkundigte sich nach dem Grund seiner Reise, und er erzählte ihr ebenfalls die Lebensgeschichte von Charles. Noch ehe das Flugzeug landete, hatte auch sie Jesus Christus als ihren Heiland angenommen. Der Trauergottesdienst war Anlaß, den Herrn für all das zu preisen, was er im Leben von Charles getan hatte. Nach dem Trauergottesdienst kamen zwei Männer auf dem Gehweg vor der Kapelle zum Glauben an Christus. Die sterblichen Überreste von Charles wurden zum Begräbnis an seinen Heimatort geflogen. Während der Feier mußte ich immerzu die junge Witwe anschauen. Aus ihrem Gesicht leuchteten tiefer Friede und Freude. Während des vergangenen Jahres hatten sie und Charles es gelernt, Gott für alle Dinge zu preisen, und hatten erlebt, welche Freude damit verbunden ist. Sie sagte mir: ‚Der Tod ist verschlungen in den Sieg (1. Korinther 15, 55 — Luther-Übersetzung). Ich habe keinen Grund zum Weinen. Preis sei Gott!'"

Die beiden Briefe berichten von ähnlichen Ereignissen, aber wie verschieden sind sie doch im Grunde. Der eine enthält den Bericht von einer Niederlage, der andere den Bericht von einem herrlichen Sieg. In dem einen wird die Situation aus menschlicher Sicht, in dem anderen aus göttlicher Sicht gesehen.

Die Bibel sagt uns, daß es möglich ist, die Dinge aus der Sicht Christi zu sehen.

„Diese Gesinnung sei in euch, die auch in Christo Jesu war" (Philipper 2, 5 — Elberfelder Übersetzung). „Erneuert euch aber im Geist eures Gemüts" (Epheser 4, 23 — Luther-Übersetzung).

Paulus verlangte nichts Unmögliches. Wir können uns selbst die Gesinnung Christi nicht geben, aber Gott wird unseren Sinn erneuern, wenn wir ihm die Gelegenheit dazu geben.

Wenn wir willig sind, dies an uns geschehen zu lassen, dürfen wir dies Gott sagen und erwarten, daß er es auch tut. Unser Beitrag ist dann nur der, zu *glauben,* daß es geschehen ist.

David wollte mit Gottes Willen für sein Leben einig sein, doch er wußte auch, daß er selbst sein rebellisches Herz nicht ändern konnte. Er rief deshalb zu Gott: *„Wende von mir ab* den Weg der Lüge und *gewähre* mir dein Gesetz! Den Weg der Treue habe ich *erwählt,* habe vor mich gestellt deine Rechte ... Den Weg deiner Gebote werde ich laufen, *wenn du Raum gemacht haben wirst meinem Herzen"* (Psalm 119, 29—30.32 — Elberfelder Übersetzung).

David wußte, daß das einzige, was er tun konnte, die Bereitschaft war, den richtigen Weg zu erwählen. Gott mußte das Böse herausnehmen, das Gute gewähren und ihm ein williges Herz schenken.

Gott wird das gleiche auch in uns schaffen, wenn wir es ihm gestatten und dann im Glauben auf seinem Wort stehen, daß er es getan hat. Was für Umstände auch immer in unser Leben treten mögen, wir sollen Gott dafür preisen und ihm danken, denn er benützt sie dazu, seinen vollkommenen Plan in unserem Leben zur Ausführung zu bringen. Die Umstände sind sein Mittel, das er benützt, um das Böse herauszunehmen, das Gute zu geben und uns ein williges Herz zu schenken.

Loben und Danken läßt die Kraft Gottes in unserem Leben frei werden, weil Loben und Danken Glaube in Aktion ist. Wenn wir Gott völlig vertrauen, sind seine Hände frei zum Wirken, und er bringt *immer* nur Sieg. Es kann ein Sieg sein, durch den unsere Lage vollkommen verwandelt wird, es kann aber auch ein Sieg sein, der uns *in* unserer Lage zuteil wird. In einem Fall wird der Tod abgewendet, in einem anderen Fall verliert der Tod seinen Stachel.

Loben und Danken heißt, ständig das zu akzeptieren, was Gott in unserem Leben zugelassen hat. In diese Stellung des fortwährenden Dankens gelangen wir durch einen Willensakt, durch einen festen Entschluß, Gott zu preisen, ohne Rücksicht darauf, wie uns zumute ist.

„Wenn ich mich fürchte, so hoffe ich auf dich", schrieb David. „Ich will Gottes Wort rühmen; auf Gott will ich hoffen und mich nicht fürchten" (Psalm 56, 4—5).

„Mein Herz ist bereit, Gott, mein Herz ist bereit, daß ich singe und lobe" (Psalm 57, 8).

VI
Hör' auf zu murren

Bist du auch schon einmal an einem schönen, sonnigen Tag vor die Haustür getreten, hast die würzige Luft tief eingeatmet und Gott für seine herrliche Schöpfung gedankt?

Aber wie, wenn dann der nächste Morgen grau und regnerisch ist? Bist du dann automatisch niedergeschlagen, wenn du aus dem Fenster schaust? Vielleicht sagst du das nicht laut, aber im Inneren fühlst du dich doch bedrückt?

Ist es dir zur Gewohnheit geworden, Gott nur für das zu danken, was du gerne haben wolltest? Und hast du es dir auch angewöhnt, stets ein ganz klein wenig zu murren, wenn die Dinge nicht so laufen, wie du es haben möchtest?

Was ist denn schon dabei, wenn man ein klein wenig klagt? Das ist doch so etwas Nebensächliches. Was soll das schon ausmachen?

Das macht sogar *sehr viel* aus. *Alles* hängt davon ab, wie wir auf die kleinen Dinge im Leben reagieren.

Jeder Eheberater wird dir sagen, daß eine Ehe gewöhnlich an den kleinen Dingen in die Brüche geht. Ein ganz kleiner Nagel kann einen Reifen zum Platzen bringen. Der winzige Fehler eines Mechanikers kann den Absturz eines Riesenjets verursachen. Ein kleines Mißverständnis kann einen Krieg auslösen. Ein einziges böses Wort kann zu einer Schießerei führen. Kleine Dinge bedeuten sehr viel, weil dies die Ebene ist, auf der sich das tägliche Leben abspielt, bis hin zu unserem Verhalten am Frühstückstisch und zum Schlangestehen im Supermarkt an einem Freitagnachmittag.

Wir alle geraten so leicht in die Versuchung, über Dinge zu murren, daß uns gar nicht recht bewußt wird, was wir da eigentlich tun. Doch Murren ist das krasse Gegenteil von Danken; Klagen ist das Gegenteil von Vertrauen; Meckern über Widerwärtigkeiten ist das Gegenteil von liebevollem Akzeptieren.

Im Wörterbuch wird das Wort „Klage“ mit „Beschuldigung, Anklage vor Gericht“ definiert. Wenn wir also klagen und murren, sprechen wir damit eine Anklage gegen Gott aus, der unserer Ansicht nach die Einzelheiten unseres Lebens nicht richtig handhabt. Bringen wir mit unserer inneren Haltung Dankbarkeit zum Ausdruck, dann wird die Kraft Gottes in unserem Leben frei; murren und klagen wir ständig, wird die Kraft Gottes blockiert.

„Murret auch nicht, gleichwie jener etliche murrten und wurden umgebracht durch den Verderber (Todesengel). Das alles geschah mit ihnen, damit wir die Lehre daraus ziehen. Es ist uns zur Warnung aufgeschrieben worden ...“ (1. Korinther 10, 10—11 — Luther-Übersetzung und Gute Nachricht).

Paulus sprach hier vom Verhalten der Israeliten auf ihrer Reise von Ägypten in das Land der Verheißung. Worin bestand denn ihr Vergehen und welche schrecklichen Folgen zog es nach sich?

„Und das Volk klagte ..., daß es ihm schlecht gehe. Und als der Herr es hörte, entbrannte sein Zorn ...“ (4. Mose 11, 1).

Mose hatte die Israeliten aus Ägypten herausgeführt, und Gott hatte ihnen erstaunliche Beweise seiner Gegenwart und seiner Fürsorge gegeben. Er hatte das Rote Meer vor ihnen geteilt, so daß sie es trockenen Fußes überqueren konnten. Später ließ er die Wassermassen zurückfluten und ertränkte darin das ägyptische Heer, das sie verfolgt hatte. Gott verhieß, sein Volk ins Land der Verheißung zu bringen; er verhieß, sie in der Wüste zu speisen und alle ihre Feinde vor ihnen her zu vertreiben, wenn sie ihm nur vertrauten. Als sichtbares Zeichen zog die Gegenwart Gottes mit ihnen, und zwar bei Tag in Form einer Wolkensäule und bei Nacht in Form einer Feuersäule.

Doch die Israeliten vertrauten Gott nicht. Sie erhoben bittere Klagen, zuerst wegen Wasser- und Nahrungsmangel und später wegen dem Geschmack des Wassers, das Gott ihnen gab. Sie wurden der Speise überdrüssig, die Gott für sie bereitete und schimpften und meckerten über unwichtige kleine Dinge. Welche Folgen hatte das für sie?

In großer Geduld und Nachsicht ging Gott auf die Wünsche seines murrenden Volkes ein. Immer und immer wieder stillte er ihre Bedürfnisse, bis es dann schließlich auf der Hand lag, daß sie daraus nichts lernten. Als ihnen auch das Manna nicht mehr schmeckte und sie statt dessen Fleisch haben wollten, sagte Gott, er würde ihnen Fleisch geben, nicht nur für einen Tag oder für zwei

Tage, sondern für einen ganzen Monat, „bis ihr's nicht mehr riechen könnt und es euch zum Ekel wird, weil ihr den Herrn verworfen habt..." (4. Mose 11, 20).

Vierzig Jahre dauerte Israels Wüstenwanderung, und jedesmal, wenn etwas nicht nach ihrem Sinn ging, erhoben sie bittere Klage und wollten zu den Fleischtöpfen Ägyptens zurück. Warum brauchten sie denn vierzig Jahre, um einen Weg von weniger als 300 Kilometer zurückzulegen? Selbst mit Frauen, Kindern und Vieh hätten sie diese Strecke in wenigen Wochen bewältigen können. Sie mußten deshalb so lange umherziehen, weil sie murrten und sich weigerten, Gott zu vertrauen; er hatte doch verheißen, für alle ihre Bedürfnisse Sorge zu tragen.

Als die Israeliten die Grenzen des Gelobten Landes erreicht hatten, mußten sie feststellen, daß dort bereits Riesen wohnten, die befestigte Städte hatten. Anstatt sich über diese Hindernisse zu freuen und Gott zu preisen, der verheißen hatte, alle ihre Feinde vor ihnen her zu vertreiben, wandten sich die Israeliten gegen Mose und verlangten, zu den Fleischtöpfen zurückgeführt zu werden. Sie beschuldigten Mose, er habe sie hereingelegt und zum Narren gehalten.

Nur zwei Männer — Josua und Kaleb —, die die Riesen und die befestigten Städte gesehen hatten, trauten Gott zu, daß er seine Verheißung einlösen und den Israeliten das Land geben werde. Aber niemand hörte auf Josua und Kaleb.

Nun war das Maß voll. Gott schwor, die Israeliten im eigenen Saft schmoren zu lassen. Keiner der Widerstrebenden sollte seinen Fuß in das Land der Verheißung setzen. Statt dessen müßte das Volk Israel vierzig Jahre lang durch die Wüste wandern, bis die junge Generation herangewachsen wäre. Und *diese* Jungen sollten ins Land hineinkommen, angeführt von Josua und Kaleb, die als einzige die Jahre der Wüstenwanderung überleben sollten.

„Sie forderten mich heraus und stellten mich auf die Probe, nachdem sie vierzig Jahre lang gesehen hatten, was ich tat. Darum wurde ich zornig über sie. Ich sagte: Alle ihre Gedanken sind verkehrt; nie haben sie meine Wege verstanden" (Hebräer 3, 9—10).

Klagen über unbedeutende kleine Dinge verwehrten den Israeliten den Weg ins Land der Verheißung.

Auch uns kann das Klagen und Murren wegen kleiner Dinge davon abhalten, in den vollkommenen Plan hineinzukommen, den Gott für unser Leben hat.

„Achtet darauf, liebe Brüder, daß keiner von euch ein widerspenstiges, ungehorsames Herz hat und sich von Gott, der das Leben schenkt, abwendet" (Hebräer 3, 12).

Die Ursache ihrer Unzufriedenheit war der Unglaube, und Unglaube ist im Grunde auch die Wurzel jeder einzelnen unserer kleinen Klagen.

Der Unglaube verwehrte den Israeliten das Land Kanaan. Gott wollte ihnen mehr geben als nur ein geographisch schön gelegenes Fleckchen Erde. Gottes verheißenes Land sollte für sie auch ein Ort vollkommener Ruhe sein, es sollte ihnen die innere Haltung völligen Vertrauens und Friedens vermitteln.

„Aber das Versprechen Gottes, Menschen in seine Ruhe aufzunehmen, gilt weiter. Darum wollen wir nicht leichtfertig sein, sondern darauf achten, daß keiner dieses Geschenk verscherzt ... Nur wenn wir treu bleiben, werden wir in die Ruhe Gottes hineinkommen. Gott hat doch gesagt: ‚Ich war zornig und schwor: Niemals will ich sie in meine Ruhe aufnehmen'" (Hebräer 4, 1.3).

Gott hat einen Ort vollkommener Ruhe auch für uns bereit. Damit meine ich nicht einen Ort nach dem Tode, sondern einen Ort bereits hier auf dieser Erde. Es ist der Zustand völligen Vertrauens und Ruhens in ihm, in den wir alle durch den Glauben hineinkommen können. Dazu müssen wir jedoch unsere Sünde des Unglaubens, unser Murren, unser Klagen, unsere Unzufriedenheit preisgeben. Unglaube ist eine schwerwiegende Versündigung an Gott.

„Wenn derselbe kommt, wird er der Welt die Augen auftun ... über die Sünde: daß sie nicht glauben an mich", sagte Jesus (Johannes 16, 8—9 — Luther-Übersetzung).

Der Unglaube ist, wie alle anderen Sünden, ein bewußter Akt der Rebellion gegen Gott. Wir können uns entscheiden, ob wir glauben wollen oder nicht.

Webster definiert den Unglauben als ein „Vorenthalten des Glaubens, Skeptizismus, eine Ablehnung dessen, was zugesichert wird."

Wenn Unglaube ein bewußtes Vorenthalten des Glaubens ist, dann sind wir für unser Handeln verantwortlich, und wir müssen in dieser Richtung etwas unternehmen.

Der erste Schritt zur Bereinigung jeder Sünde ist das Bekenntnis.

Jahrelang hatte ich mir voll Stolz gesagt, daß ich nur ganz selten klage, das heißt, ich sprach die Klagen nur ganz selten aus. Ich hatte mir eine lächelnde Fassade anerzogen, doch im Innern war ich ein gewohnheitsmäßiger Meckerer. Solange ich natürlich nicht einsah, daß ich damit eine Schuld auf mich lud, besserte ich mich auch nicht.

Ich dachte, die Klagen, die *ich* vorbrächte, seien ganz und gar gerechtfertigt. Ich meckerte, wenn ich nicht genügend Schlaf bekam und morgens unausgeschlafen aufstehen mußte. Ich meckerte lautlos, wenn das Badezimmer von einem anderen Familienmitglied unordentlich verlassen worden war, und ich meckerte auch, wenn ich das Frühstück in aller Eile hinunterschlingen mußte. Ich murrte, wenn im Dienst nicht alles glatt ging, und ich murrte auch, wenn die Leute sich nicht so verhielten, wie ich es mir wünschte. Ich murrte über Rechnungen und wenn mein Auto nicht anlaufen wollte. Ich murrte, wenn ich Überstunden machen mußte und wenn ich nicht rechtzeitig ins Bett kam. Und am nächsten Morgen ging das ganze wieder von vorne los.

Als mir schließlich der heilige Geist zeigte, was die Bibel über das Dankbarsein in allen Dingen sagte, erkannte ich allmählich, daß ich jahrelang das krasse Gegenteil getan hatte, ohne mir dabei etwas zu denken.

Der erste Schritt auf dem Wege zur Rehabilitation war, mir selbst einzugestehen, daß ich ein gewohnheitsmäßiger Meckerer war.

Ich glaube, das wirksamste Mittel zur Bereinigung unserer Sünden ist es, sie einmal ganz klar beim Namen zu nennen. Wir geben sie zu, bekennen sie, bitten Gott um Vergebung und fassen dann den ganz klaren Entschluß, nie mehr in diese Sünde zurückzufallen. Dann bitten wir Gott, diese Sünde von uns zu nehmen und uns vermehrten Glauben und Widerstandskraft in der Versuchung zu geben. Schließlich danken wir ihm dafür und fahren fort im Glauben in dem Bewußtsein, daß es geschehen ist.

Wenn wir einmal mit Gott übereingekommen sind, daß wir nicht mehr murren wollen, und ihm versprechen, ihm für jede kleine Sache, die uns bisher verärgert hat, zu danken, dann dürfen wir erwarten, daß er etwas unternimmt.

Wir selbst können uns ungläubige Meckerer nicht in dankbare, freudig vertrauende Menschen verwandeln. Aber wir können den Entschluß fassen, nicht mehr zu murren und statt dessen zu danken und zu preisen; dann wird Gottes Kraft in uns diese Verwandlung bewirken. Wir müssen nur immer den Blick auf Jesus gerichtet halten und Gott danken für das, was *er* tun kann.

In der Praxis werden wir dann feststellen, daß Gott wieder dieselben Umstände in unserem Leben zuläßt, die bisher immer unseren Ärger auslösten. Wenn wir sie kommen sehen, dann können wir Gott danken und ihn loben, weil er gerade diese Vorkommnisse benützt, um die Verwandlung in uns zu bewirken. Bisher sind wir daran gescheitert, jetzt sehen wir darin Gottes Stärke. Sie dienen dazu, in uns den Glauben zu vermehren.

Wenn wir jede kleine Unannehmlichkeit, die uns widerfährt, mit Freude und Danksagung annehmen können, wird die Kraft Gottes in uns und durch uns frei, und bald werden wir auch Freude empfinden. Aber warten wir nicht, bis wir etwas fühlen; unser Lobpreis muß den Glauben an Gottes Wort zur Grundlage haben, nicht die Gefühle.

Etwas, worüber ich jahrelang gemurrt habe, ist die Tatsache, daß ich kein musikalisches Talent habe. Sooft ich schöne Musik hörte, konnte ich sie nie in vollem Umfang genießen, weil dann immer in mir der Wunsch aufstieg: „Ach, könnte ich doch auch ein Instrument spielen oder so schön singen!“

Eines Tages besuchte ich ein Konzert, und in mir stieg die Frage auf: „Bist du dankbar dafür, daß du kein Instrument spielen kannst?“

Ich erkannte, daß diese Frage vom heiligen Geist kam, und rutschte unruhig auf meinem Stuhl hin und her.

„Nein, Herr, wohl kaum.“

„Bist du willig, dankbar zu werden?“

„Ja, Herr, ich bin willig, und ich nehme an, daß dies dein Wille für mich ist. Du hättest mir ja musikalisches Talent und auch Gelegenheit zur Ausbildung geben können, wenn du dies hättest tun wollen. Ich danke dir deshalb, daß ich so bin, wie du mich gemacht hast und mich haben wolltest.“

Als ich das sagte, strömte ein tiefer Friede in mein Herz, und ich konnte mich nun tatsächlich darüber freuen, daß ich so unmusikalisch war.

„Was ich dir beibringen wollte, ist folgendes“, sagte der heilige Geist: „Wenn du schöne Musik machen könntest, würdest du damit die Anerkennung mancher Menschen ernten; aber wenn du lobst und dankst, hast du immer das Wohlgefallen Gottes auf deinem Leben ruhen.“

Gott sah mein fehlendes musikalisches Talent nie als Mangel an, nur ich sah es so. *Ich* war derjenige, der nicht damit zufrieden war, wie Gott mich gemacht hatte. Er war nie unzufrieden.

Es gibt Leute, die ihr Leben lang wünschen, sie hätten ein bestimmtes Talent und die Möglichkeit, dieses Talent zu fördern. Sie murren und klagen im stillen, weil sie überzeugt sind, daß sie es zum Filmstar, zum Fernsehhelden, zum Fußballprofi, zum Großindustriellen oder zum Doktor gebracht hätten, wenn ihnen nur die Chance dazu geboten worden wäre.

Hast du auch so eine Lieblingsklage in deinem Leben? Sagst du dir auch immer wieder, wenn du dein Leben noch einmal leben könntest, wärst du in einer anderen Position, in einer anderen Nachbarschaft, würdest du einen anderen Partner, eine andere Partnerin heiraten?

Kannst du den Platz, an dem du gerade jetzt stehst, als den dir von Gott zugewiesenen akzeptieren? Kannst du es glauben, daß er nie etwas übersehen hat? Daß er nicht hilflos zusehen mußte, als du die in deinen Augen verkehrte Wahl getroffen hast?

Sicher gibt es das, daß man eine falsche Wahl trifft. Wir haben in diesem Buch über unsere Verantwortung, eine Wahl zu treffen, und über die Folgen der richtigen oder falschen Wahl bereits gesprochen. Aber die Verheißung Gottes lautet dahin, daß er alle Dinge — auch eine falsche Wahl — zum Besten dienen läßt, wenn wir ihm vertrauen.

Es ist möglich, daß du an einer Arbeitsstelle oder sonst in einer Situation bist, aus der dich Gott herauszubringen beabsichtigt. Trotzdem ist es außerordentlich wichtig, daß du *gerade jetzt* deine gegenwärtige Situation freudig akzeptierst und Gott dafür dankst. Wenn wir Gott für jede Schwierigkeit danken und uns an jedem Wendepunkt unseres Lebens seinem Willen fügen, ist er in der Lage, uns an den Platz zu bringen, an dem er uns haben will.

Vergessen wir nicht, er war in der Lage, den heidnischen König Cyrus im richtigen Augenblick an den richtigen Platz zu bringen, obwohl Cyrus Gott gar nicht kannte. Du darfst deshalb wissen, wenn Gott dich in diesem Augenblick irgendwo anders hätte haben wollen, dann hätte er dich auch dorthin gebracht. Deine Aufgabe ist es, ihm *gerade jetzt* zu danken, daß du zum *gegenwärtigen Zeitpunkt* an dem Platz bist, an dem du bist.

Wenn Gott dir durch den heiligen Geist zeigt, daß du vor fünfzehn Jahren eine falsche Wahl getroffen hast, als du dich bewußt gegen Gottes Willen entschieden hast, dann bekenne ihm jetzt deine falsche Wahl, bitte ihn um Vergebung, danke ihm dafür und bitte ihn, dir zu zeigen, wie du gutmachen kannst, was du vielleicht anderen an Unrecht zugefügt hast. Dann gib in diesem Augenblick Gott dein Leben völlig in die Hand und vertraue ihm, daß er es jetzt vollständig unter seiner Kontrolle hat. Preise ihn *jetzt* und danke ihm für deine *gegenwärtige* Lage, so wie sie in allen Einzelheiten ist.

Vielleicht wirst du feststellen, daß Gott dich ganz schnell aus den gegenwärtigen Umständen herausführt, oder aber wirst du sehen, daß Gottes Kraft dich inmitten dieser Umstände verwandelt. Was auch immer geschieht, danke ihm immerfort, denn er hat alles in seinen Händen.

Ein christlicher Geschäftsmann lieferte eines Tages sein Leben vollkommen Jesus Christus aus. Kurz danach wurde er aus seiner hochdotierten Stellung als leitender Angestellter entlassen. Der Mann machte sich auf die Suche nach einer neuen Anstellung, aber auf Grund der nachlassenden Konjunktur waren derartige Stellen rar geworden. Seine Familie litt unter dem Druck der finanziellen Verhältnisse; die Rechnungen häuften sich, und damit auch die Sorgen. Seine Gebete aber blieben unbeantwortet.

Ein ganzes Jahr lang war er schon arbeitslos, als er mich eines Samstagabends über den Text reden hörte: „Seid dankbar in allen Dingen." Plötzlich dämmerte es ihm, daß Gott wahrscheinlich einen guten Grund dafür hatte, weshalb er ihm bisher einen Arbeitsplatz versagt hatte. Er fing an, Gott für seine Arbeitslosigkeit und für jede Schwierigkeit zu danken, die ihn und seine Familie als Folge davon getroffen hatte.

Den ganzen Sonntag über lobte und pries er Gott, und auf einmal merkte er, daß seine Furcht und der Unmut über seine mißliche Lage allmähich schwanden. An ihre Stelle trat echte Freude.

Am Montagmorgen läutete in aller Frühe das Telefon. Der leitende Angestellte einer Firma fragte bei ihm an, ob er eine Vertretung für ihn übernehmen könne.

„Ja, ich stehe Ihnen gerne zur Verfügung", antwortete der Mann.

„Wann können Sie anfangen?"

„Morgen."

„Dann kommen Sie bitte um 9 Uhr."

Die Bezahlung am neuen Arbeitsplatz war hervorragend. Aber was viel wichtiger war, er hatte täglich Kontakt zu anderen Geschäftsleuten. Durch sein Zeugnis für Christus kamen laufend Geschäftsleute zum Glauben.

Dieser Geschäftsmann sagte zu mir: „Solange ich auch nur einen Funken von Furcht und Unwillen über meine Lage in mir trug, konnte Gott nicht tun, was er mit meinem Leben tun wollte. Sobald ich ihm jedoch Vertrauen entgegenbrachte und ihm für mein Leben, genauso wie es war, danken konnte, war er in der Lage, die Zügel in die Hand zu nehmen und mich an den Platz zu stellen, an dem er mich haben wollte."

Eine junge Lehrerin verbrachte ihren Sommerurlaub in den Bergen. In dieser Zeit wurde vom Rektorat aus ein Brief an sie abgesandt, in dem sie aufgefordert wurde, an einer Besprechung bezüglich der Stundenplaneinteilung im neuen Schuljahr teilzunehmen. Dieser Brief erreichte sie jedoch nie, und als sie zu der Besprechung nicht erschien, wurde die Stelle kurzerhand einem anderen Lehrer gegeben. Als sie aus dem Urlaub zurückkam, mußte sie feststellen, daß sie arbeitslos geworden war.

Zuerst reagierte sie darauf mit Bestürzung und wollte zu den Eltern reisen, die in einem anderen Staat lebten. Die Schule sollte ja in zwei Wochen beginnen, und in ihrer jetzigen Gegend gab es keine offenen Lehrstellen. Außerdem hatte sie von ihrer Studienzeit her noch hohe finanzielle Verpflichtungen.

Dieses junge Mädchen hatte soeben das Buch „Ich suchte stets das Abenteuer" gelesen und erkannte in ihrer gegenwärtigen Situation eine Gelegenheit, das Gelernte in die Tat umzusetzen. Bewußt rang sie ihre Angst und Bestürzung nieder, dankte Gott, daß er den Verlust der Lehrstelle zugelassen hatte, und pries ihn für seinen vollkommenen Plan für ihr Leben.

Zwei Tage lang lobte und pries sie Gott und setzte sich gegen jede Versuchung zur Panik energisch zur Wehr. Am dritten Tag wurde sie von einer Nachbarin angesprochen.

„Wissen Sie", sagte diese, „Sie sollten unbedingt an einer christlichen Schule unterrichten. Rufen Sie doch einmal den Rektor der Schule an, die mein Sohn besucht."

Die junge Lehrerin tat es und stellte zu ihrer Überraschung fest, daß ganz plötzlich eine Lehrstelle in der ersten Klasse frei geworden war. Sie mußte sich vorstellen und bekam die Stelle.

„Ich weiß, daß Gott die Situation in die Hand nehmen konnte, weil ich ihm vertraute und ihm dankte", sagte sie. „Hätte ich meinen alten Kniff angewendet und wäre in panischer Angst zu Mama und Papa nach Hause gerannt, wäre ich vielleicht jetzt noch arbeitslos und würde auf Gott schimpfen, daß er sich nicht um mich kümmert."

Ihre neue Stelle gefiel ihr viel besser als die alte. Hier konnte sie in der Klasse ungehindert über ihre Glaubenserfahrungen sprechen und mit mehreren Kindern, die Verhaltensprobleme hatten, vor der Klasse beten.

Gott hatte einen vollkommenen Plan und einen vollkommenen Platz für diese junge Lehrerin und auch für den gläubigen Geschäftsmann. Er schloß die Türen zu den Arbeitsstellen, die *sie* für richtig gehalten hatten, und er öffnete die richtigen Türen, als sie ihm vertrauten und ihm dankten *für* ihre Arbeitslosigkeit.

Unmut und Furcht, Murren und Klagen verzögern nur die Abwicklung von Gottes Plan in unserem Leben. Er hat einen vollkommenen Zeitplan, und wir müssen einsehen lernen, daß seine Zeiteinteilung nicht immer mit der unsrigen übereinstimmt.

Ich war immer äußerst pünktlich gewesen und war stolz auf mein Organisationstalent und meine Fähigkeit, „die Zeit des Herrn" gut zu nutzen. Eines Tages flog ich nach El Paso (Texas), wo ich auf einer Konferenz von Geschäftsleuten sprechen sollte. Nervös schaute ich im Flugzeug auf meine Uhr. Es ging schon auf 14.30 Uhr, und ich sollte doch um 14 Uhr da sein. *Kann das auch noch zum Besten dienen, wenn man zu einem wichtigen Termin zu spät kommt?* so fragte ich mich.

„Warum läßt du das bloß zu, Herr?" fragte ich leicht gereizt. Die einzige Antwort, die ich bekam, war eine weitere Frage: „Bist du dankbar für das Zuspätkommen?"

„Darum geht's nicht", gab ich zurück. „Diese armen Leute, die mich eingeladen haben und meine Reise bezahlen, erwarten, daß ich pünktlich da bin. Sie sind diejenigen, die Dankbarkeit lernen müssen."

Bist du dankbar? Beharrlich blieb diese Frage in meinen Gedanken haften.

Plötzlich ging mir die Wahrheit auf. Mir ging es im Grunde nicht um die Leute in der Versammlung. *Ich* war derjenige, der aufgeregt war. *Ich* traute Gott nicht zu, daß er die Situation in der Hand hatte. *Ich* haderte und schimpfte darüber, wie er mit „meiner" Zeit umging.

„Es tut mir leid, Herr", flüsterte ich. „Ich glaube jetzt wirklich, daß du am besten weißt, wie du mit meiner Zeit umgehen mußt. Wenn du mich zu spät kommen läßt, muß auch das ein Teil deines vollkommenen Planes sein, und ich danke dir dafür. Ich überlasse dir die Verwaltung meiner Zeit und vertraue dir, daß du alles zum Besten hinausführen wirst."

Mit einem Atemzug der Erleichterung lehnte ich mich auf meinem Sitz zurück. Auf meiner Uhr war es jetzt 14.45 Uhr, doch in mir verspürte ich vollkommenen Frieden. In diesem Augenblick ging die Stewardess an mir vorüber, und mein Blick fiel auf ihre Armbanduhr. Sie zeigte 13.45 Uhr.

Ich richtete mich auf. „Fräulein, auf Ihrer Uhr ist es 13.45 Uhr; stimmt das?"

„Ja, Sir, das stimmt. Wir sind soeben in eine andere Zeitzone eingeflogen. Es ist jetzt 13.45 Uhr."

Ich lachte in mich hinein. „Dank sei dir, Herr, daß du mich lehrst, wie töricht es ist, sich wegen der Zeit Sorgen zu machen."

Wir flogen weiter, und die Zeit verging rasch. Als es 14 Uhr vorbei war, wurde ich erneut unruhig. Um 14.15 Uhr setzten wir in El Paso zur Landung an, und es sah aus, als ob ich doch noch einige Minuten zu spät käme.

„Herr, es tut mir leid, daß ich so ungeduldig bin", murmelte ich. „Aber ich bin noch nie zu einer Versammlung zu spät gekommen, und ich verstehe nicht, warum du es jetzt zuläßt."

„Bist du dankbar?"

„Gut, Herr", sagte ich, „ich *will* dankbar sein. Ich danke dir, daß es jetzt 14.20 Uhr ist und daß ich noch im Flugzeug sitze."

Als ich das Flugzeug verließ, zeigte meine Uhr 14.25.

Ich zog das Konferenzprogramm aus der Tasche, um nach der Adresse zu sehen. Da fiel mein Blick auf den angegebenen Konferenzbeginn — dort stand 14.30 Uhr.

Dann lief ich auf das nächste Taxi zu. *Das ist ja großartig. Herr,* dachte ich. *Du hast mir beibringen können, daß ich dir meine Zeit anvertrauen kann, ohne daß dadurch jemand Schaden leidet.* (Nebenbei bemerkt, Gott handelt *immer* so. Wir mögen denken, andere litten durch unseren Fehler Schaden, doch Gott hat unser Leben völlig unter Kontrolle, und er liebt die andern genauso wie uns.)

Der Taxichauffeur sah mich erwartungsvoll an. „Wohin, Sir?"

„Zum El Paso Hilton Hotel", sagte ich keuchend. „Ich muß auf schnellstem Wege dorthin."

Der Taxichauffeur schmunzelte und zeigte quer über die Straße. „Dort drüben ist es, direkt vor Ihnen!"

Als ich durch die Tür zur Konferenzhalle schritt, war es auf meiner Uhr genau 14.30. Die Männer gingen gerade auf den Rednertisch zu, und ich schloß mich ihnen an, um meinen Platz einzunehmen.

Gottes Fahrplan ist auf die Minute genau. Wie herrlich ist es zu wissen, daß er uns in seinen Zeitplan eingetragen hat.

Überlasse die Einhaltung deiner Termine getrost seinen Händen; wenn du ihm vertraust, wird er dich zur rechten Zeit hinbringen, wo er dich haben will. Sein Fahrplan stimmt für jeden Termin und jede Stunde unseres Lebens. Gott zwingt uns seinen Zeitplan nicht auf, aber wenn wir ihm unsere Tage und Stunden anvertrauen, dann ist es seine Sache, uns zur rechten Zeit dahin zu bringen, wo er uns haben will.

Das bedeutet jedoch nicht, daß wir uns aufs weiche Sofa setzen und sagen: „Wenn der Herr mich dort haben will, dann muß er mich auch dorthin bringen. Ich bleibe hier sitzen und warte, bis er mich in Bewegung bringt.“

Wir müssen das Unsrige tun, das heißt *nicht,* daß wir uns Sorgen machen sollen um die Einhaltung des genauen Zeitpunkts. Wir sollen nur unser möglichstes tun, uns rechtzeitig auf unseren Termin vorbereiten und ihm dann danken für alles, was passiert — selbst dafür, daß wir eventuell verschlafen, daß eine unvorhergesehene Verzögerung entsteht oder daß wir durch einen redseligen Nachbarn oder unsere eigenen Kinder aufgehalten werden.

Gott verfolgt eine zweifache Absicht, wenn er uns lehrt, ihm in allen Dingen zu vertrauen und dankbar zu sein: einmal wird dadurch seine Kraft in unserer Situation frei, zum andern werden dadurch andere zu ihm gezogen.

Einmal arbeitete ich mit einem Chorleiter zusammen, der in jeder Hinsicht Vollkommenheit anstrebte. Der musikalische Teil jedes Gottesdienstes wurde in allen Einzelheiten vorausgeplant und mit äußerster Präzision durchgeführt. Das hatte den Nachteil, daß der Chorleiter seinen Dienst nur unter größter Anstrengung tun konnte und diese Spannung sich auch auf den Chor übertrug. Der Chor sang zwar hervorragend, aber ohne jede Freude.

Eines Tages kam dieser Chorleiter zu einer kleinen Plauderei in mein Büro.

„Bob, ich bin der Ansicht, Sie könnten sich besser entspannen und mehr Freudigkeit zu Ihrem Dienst bekommen, wenn Sie anfangen würden, Gott für alles zu danken, was passiert“, sagte ich.

Er sah mich eine Zeitlang schweigend an und erwiderte dann: „Ich habe Sie während dieser sechs Monate beobachtet. Zuerst dachte ich, es sei alles nur Fassade, niemand könne doch immerzu so fröhlich sein.“ Er lächelte. „Ich machte mit dem Chor mehrmals einen Fehler, aber Sie reagierten immer nur mit Freude ... Ich verstehe nicht, wie Sie das machen, ich möchte gerne auch diese innere Haltung bekommen.“

Wir unterhielten uns, bis es endlich Zeit war für die Chorprobe und Bob eilig gehen mußte. Er hatte sich diesmal in keiner Weise vorbereiten können, und ich fragte mich, wie er wohl die unvorhergesehene Situation bewältigen würde.

Später erzählte er mir dann: „Ich wurde ganz nervös, wenn ich daran dachte, daß ich keinerlei Unterlagen vorbereitet hatte; aber dann ging mir ein Licht auf: Dies war gerade eine solche Situation, für die ich Gott dankbar sein sollte. Also dankte ich ihm dafür. In dem Augenblick kamen vier Chormitglieder zur Tür herein. Sie waren etwas zeitig gekommen und fragten mich: „Können wir Ihnen bei der Vorbereitung noch irgendwie behilflich sein?“ In all den Monaten, in denen ich dort die Chorarbeit gemacht hatte, war so etwas noch nie vorgekommen.

„Ich war überrascht. ‚Dank sei dir, Gott‘, betete ich. ‚Du hast dich des Problems wirklich rasch angenommen!‘“

Halb wachend, halb träumend war Bob durch den restlichen Tag gegangen. Nie zuvor war ihm klar geworden, daß Gott sich persönlich um jede Einzelheit seines Lebens kümmerte, und Gottes Kraft frei wurde, sobald er sich entspannte und Gott in jeder Lage dankbar war. Durch diese Entdeckung wurde Bob in der Einstellung zu seinem Dienst völlig verändert.

Als er das nächste Mal ein Solo vortrug, machte er mehrere Fehler, etwas, das ihn normalerweise in Verzweiflung gebracht hätte. Anstatt jedoch mit jedem falschen Ton nervöser zu werden, sagte er innerlich Gott Dank, der die Fehler zugelassen hatte. Als Resultat strömte ihm, während er weitersang, immer mehr Freude zu, und wir Zuhörer konnten sehen, wie sein Gesicht vor Glück strahlte, und konten aus seinem Gesang eine neue Dimension der Freude heraushören.

Bobs Verhältnis zur Gemeinde veränderte sich auffallend. Früher hatte er uns mit einem mürrischen „Hallo“ gegrüßt; jetzt strahlte sein Gesicht, wenn er sagte: „Guten Morgen! Ist heute nicht ein wunderschöner Tag!“

Vielleicht halten wir ein mürrisches Gesicht nicht für eine Sünde. Doch dann wollen wir einmal die Tatsache sehen, daß durch ein mürrisches Gesicht das genaue Gegenteil von glücklichem, vertrauensvollem Glauben zum Ausdruck kommt. So gesehen ist das böse Gesicht das äußerlich sichtbare Zeichen für die innere Haltung des Unglaubens.

Wir alle kennen den Ausspruch: „Wir haben eben alle unsere guten und unsere schlechten Tage." Doch dies ist eine recht unüberlegte, gefährliche Ansicht, denn sie bringt zum Ausdruck, gute und schlechte Tage zu haben seien für einen Christen der Normalzustand.

Die Bibel sagt zwar, daß unsere *äußeren* Umstände gut oder schlecht sein können und Höhen und Tiefen unterworfen sind, daß aber unsere *innere* Haltung ein fortwährender Zustand des Sichfreuens in Christus sein soll.

„Ich habe gelernt, mit dem auszukommen, was ich habe, ob es viel oder wenig ist", schrieb Paulus aus einer Gefängniszelle. „Mit Sattsein und Hungern, mit Überfluß und Mangel bin ich in gleicher Weise vertraut. Ich kann alles ertragen, weil Christus mir die Kraft dazu gibt" (Philipper 4, 11—13).

Nicht immer werden uns die Folgen bewußt, die es nach sich zieht, wenn man versagt, in kleinen Dingen dankbar zu sein. Mir wurde hierin einmal eine unvergeßliche Lektion erteilt.

Es gab viel Arbeit in meinem Büro in Fort Benning an jenem Morgen, und alles schien schiefzugehen. Der leitende Mitarbeiter war nicht zum Dienst erschienen, und die anderen wußten sich allein nicht zu helfen. Das Telefon klingelte in einem fort, die Arbeit häufte sich, und ich ärgerte mich über den Mann, der nicht zur Arbeit erschienen war. Natürlich änderte dies kein Haar an der Tatsache, daß er nicht da war, und trug auch nichts zur Verbesserung der Situation bei. Im stillen schimpfte und grollte ich fast den ganzen Tag.

Am nächsten Morgen kam der Mann wieder ins Büro und erklärte mir, er sei im Krankenhaus gewesen. Dort habe man ihm gesagt, er habe ein krebsartiges Gewächs in der Stirnhöhle.

Bestürzt und deprimiert über diese Mitteilung ging er nach Hause und verbrachte den restlichen Tag im Bett.

Ich war vor Reue und Mitgefühl ganz zerknirscht, denn ich hatte wegen unbedeutender Verzögerungen im Büro geschimpft, während ich Gott hätte dankbar sein sollen, daß dieser Mann nicht anwesend war. Mein Murren und meine Unzufriedenheit hatten mich an jenem Tag für den Herrn untauglich gemacht, und Gottes Kraft und Liebe hatten nicht durch mich fließen und diesem kranken Mann keine Hilfe bringen können.

Es ist so wichtig, daß wir auf alle Situationen mit Vertrauen und Danken reagieren, ob die Folgen für uns sichtbar sind oder nicht. Wenn wir es lernen, anstatt mit Bestürzung und Panik mit Loben und Danken zu reagieren, wird unser Leben, wird unsere innere Haltung verwandelt, ob es sich bei der betreffenden Situation nun um ein dramatisches Ereignis oder nur um einen geringfügigen Verdruß handelt.

Einmal fuhr ein Mann auf vereister Straße von der Arbeit nach Hause. Er hatte nicht mit so spiegelglatten Straßenverhältnissen gerechnet, kam ins Schleudern und schlitterte über das Halteschild hinaus und direkt in ein anderes Auto hinein. Es gab zwar keine Verletzten, doch die beiden Wagen wurden stark beschädigt. Der schuldige Fahrer war wütend auf sich selbst, daß er einen so dummen Fehler gemacht hatte. Aber dann fiel ihm die Schriftstelle ein, die er erst kürzlich gelesen hatte und die sagt, daß man Gott für alle Dinge danken soll.

„Ich danke dir für diesen Unfall, Herr", betete er.

Sogleich flüsterte ihm eine leise Stimme zu: „Sei doch nicht blöd. Du hast bereits einen schweren Fehler begangen. Willst du die Sache noch verschlimmern, indem du vorgibst, du würdest dich darüber auch noch freuen?"

„Aber Gott hat verheißen, daß er alles zum Besten dienen lassen wird", gab er zurück.

„*Daraus* kann ja gewiß nichts Gutes kommen!"

„Doch, wenn ich Gott dafür danke, bestimmt", entgegnete der Mann beharrlich.

Er ließ sich nicht davon abbringen, für diesen Unfall dankbar zu sein. Trotzdem hatte dies keine unmittelbaren, äußerlich sichtbaren Folgen. Der andere Fahrer bekehrte sich nicht zu Christus, und auch in der Werkstatt schien niemand auf seine freudige Haltung zu reagieren.

Was lag also schon an seiner Reaktion?

Später an jenem Tag geschah etwas Erstaunliches *in* diesem Mann. Je mehr er Gott dankte, desto mehr breitete sich ein tiefer Friede in seinem Inneren aus. Eine große Freude sprudelte in ihm hoch, und jedesmal, wenn er für den Autounfall dankte, merkte er, wie sich in seinem Inneren etwas löste, so als ob feste Knoten gelöst würden.

Er war bisher ein Durchschnittschrist gewesen, aber von jenem Tag an war sein Leben nicht mehr dasselbe. Er war in eine neue Dimension sieghaften Lebens in Christus eingetreten. Und das alles nur deshalb, weil er so beharrlich die Hand Gottes in einem Umstand gesehen hatte, der ihm zuerst als sein eigener dummer Fehler und als Pech erschienen war.

Ein anderer Mann hörte mich darüber sprechen, daß man Gott für alles danken solle. Er versprach Gott, ihm von dem Augenblick an für alles dankbar zu sein, was ihm widerfahren würde.

Nach der Versammlung fuhr er mit seiner Familie im dichten Schneetreiben bei Temperaturen um minus 20 Grad Celsius nach Hause. Spät in der Nacht kamen sie heim, und als sie ihr Haus betraten, merkten sie sofort, daß etwas nicht in Ordnung war. Das Haus war eiskalt, die Heizung hatte versagt.

Die Familie stieg frierend nach oben, während der Mann in den Keller ging, um nach der Heizung zu sehen. Er kannte sich in Heizungsanlagen überhaupt nicht aus und hatte keine Ahnung, was daran defekt sein könnte.

So stand er da und starrte den kalten, regungslosen Ofen an. Sein erster Gedanke war, er sollte beten, daß Gott ihm helfen möge, die Heizung wieder in Gang zu bringen. Ohne Heizung im Haus müßte er ja für seine Familie anderswo ein warmes Nachtquartier auftreiben.

Da kam ihm der Gedanke: „Bist du dafür dankbar?"

Er mußte zugeben, daß er wegen der kalten Wohnung und seiner frierenden Familie zu aufgeregt gewesen war, um Gott dafür zu danken.

„Es tut mir leid, Herr, ich habe es vergessen", betete er. „Aber ich weiß, du hast auch dieses zu unserem Besten geplant, deshalb danke ich dir für diese Heizung, genauso wie sie ist."

In diesem Augenblick hörte er ganz klar und deutlich die Worte: „Überprüfe den Ventilator!"

Den Ventilator? Ich weiß nicht mal, wo der ist!

„Sieh hinter der Platte auf der rechten Seite nach", kam der nächste Gedanke.

Er holte einen Schraubenzieher und begann, die Platte abzumontieren. Das ganze erschien ihm plötzlich ziemlich lächerlich. War denn alles nur Einbildung? Saß der Ventilator tatsächlich hinter dieser Platte? Aber wenn es doch Gott war, der ihm diese direkten Anweisungen gab, dann durfte er jetzt nicht aufhören, überlegte er.

Seine Finger waren schon ganz steif vor Kälte, doch die Platte löste sich — und dahinter saß der Ventilator.

Aber was nun? dachte er.

„Sieh nach dem Ventilatorriemen, er hat sich gelöst."

Es war zu dunkel, um ins Innere der Heizanlage schauen zu können. Also holte er sich eine Taschenlampe und leuchtete in die kleine Öffnung am Ofen hinein. Da war auch der Riemen, er hing lose herunter. Er streifte ihn über die Antriebswelle am Ventilator und zog dann seinen Arm wieder aus der schmalen Öffnung heraus. Doch der Ofen blieb kalt und still.

„Was jetzt?" betete er.

„Drehe den Heizungsschalter an", kam die Antwort.

In dem Augenblick, als er den Schalter betätigte, wurde es in der Heizung lebendig, und kleine Flämmchen fingen im Ofen lustig an zu tanzen. Der Mann rannte nach oben, um seiner Familie zu erzählen, wie Gott die kalte Heizung ihm hatte zum Segen werden lassen.

Hätte der Mann auf die Krise *nicht* mit Loben und Danken reagiert und *nicht* erwartet, daß Gott alles zum Besten dienen lassen würde, dann hätten er und seine Familie viel Unangenehmes ertragen müssen. Der kalte Ofen war eine von Gott gegebene Gelegenheit, um in der Praxis zu lernen, daß man durch Loben und Danken die Kraft und Führung Gottes erlebt.

Durch dieses Erlebnis wurde das Leben dieses Mannes völlig verwandelt. Hinfort achtete er in allen Situationen auf die Stimme Gottes und hat heute ein hochentwickeltes Empfinden für das Wirken des heiligen Geistes, wie man es selten antrifft. Sein offenes Ohr für die Führung Gottes hat ihn zu einem Kanal der Kraft Gottes auch im Leben anderer Menschen werden lassen.

Der erste Schritt dazu war ein Glaubensakt; er mußte glauben, daß ein kalter Ofen in einer dunklen, vor Kälte klirrenden Winternacht ein Ausdruck von Gottes liebender Fürsorge für ihn und seine Familie war. Er hätte diese erste Gelegenheit vorübergehen lassen können, und ich bin überzeugt, Gott hätte ihm andere Gelegenheiten gegeben. Du und ich, auch wir werden im täglichen Leben mit Situationen konfrontiert, die uns Gelegenheit geben, darin die Hand Gottes zu erkennen. Wie viele solcher Gelegenheiten haben wir schon vorübergehen lassen?

Die Resultate unserer Reaktionen nehmen mit der Zeit zu. Mit jedem positiven Glaubensschritt fällt das Glauben leichter. Anderseits häufen sich auch die negativen Resultate immer mehr an, sooft wir durch Unglauben Gottes Gegenwart und Liebe in einer schwierigen Situation leugnen, so daß es uns immer schwerer fällt, mit Hilfe unserer Willenskraft den Glauben in die Tat umzusetzen. Je mehr wir murren, desto tiefer verstricken wir uns im Netz der Niederlage. Viele kleine Klagen häufen sich an zu gewaltigen Bergen der Depression.

Eine gläubige Krankenschwester schrieb über Jahre innerer Not in ihrem Leben:

„Es waren immer die kleinen Dinge, die in mir Ärger und Aufregung hervorriefen. Allmählich kam ich immer tiefer in diesen unglücklichen Zustand hinein. Ich betete zu Gott um Hilfe, aber es geschah nichts. Ich versuchte es mit Aufputschmitteln am Morgen und mit Beruhigungspillen am Abend. Das frühe Aufstehen wurde mir jeden Morgen zur Qual. Ich war nicht mehr fähig, meiner Hausarbeit nachzukommen. Im Krankenhaus brach ich unter der Last und Anspannung der Krankenpflege fast zusammen.

Ein Tag war schlimmer als der andere. Nicht einmal kleine Dinge, die ich noch vor wenigen Monaten mit Leichtigkeit geschafft hatte, konnte ich mehr verrichten. Ich versank in eine solche Depression, daß ich Gott anflehte, mich sterben zu lassen. Das Leben war mir zur Hölle geworden."

Da las sie eines Tages das Buch „Ich suchte stets das Abenteuer".

„Es war, als sei in mir ein Licht der Hoffnung entzündet worden", schrieb sie. Sie entschloß sich, Gott hinfort für alles zu preisen und legte sich eine lange Liste von Dingen an, für die sie nun dankbar sein wollte. An oberster Stelle nannte sie die Umstände, die sie so viel Nervenkraft gekostet hatten. Und bald zeigten sich auch schon die ersten Resultate.

„Jetzt weiß ich nur noch eines: *O welch Wunder hat Gott in mir gnädig vollbracht, seit Jesus im Herzen mir wohnt!* Jetzt haftet mir nicht mehr diese schreckliche Furcht vor dem Versagen an. Ich reagiere nicht mehr mit Ärger und lasse mich nicht mehr aus der Fassung bringen. Wenn etwas Unangenehmes auf mich zukommt, dann schaue ich einfach nach oben und sage: ‚Ich danke dir, Herr!' Und schon erklingt ein Lied in meinem Herzen."

Ob dir nun riesige Sorgenberge oder nur ganz kleine Hindernisse zu schaffen machen, das kritische Stadium bleibt immer dasselbe.

Bekenne dein Klagen und Murren als Sünde und verspreche Gott, daß du von jetzt an dankbar sein willst.

Triff deine Entscheidung und sei fest entschlossen, im Glauben darauf zu bestehen. Gott wird dir dann die Kraft geben, diesen Entschluß durchzuführen. Hast du diese Entscheidung einmal getroffen, dann bleiben auch die Gelegenheiten, Gott zu danken, nicht aus, mögen sie nun in Form kleinerer oder größerer Pakete auf dich zukommen.

Bei einer Freizeit in der Nähe von Fort Benning gaben mehrere junge Leute Gott das Versprechen, ihm für alle Dinge zu danken. Am nächsten Tag erhielt einer der Soldaten die Nachricht, daß sein Onkel bei einem Traktorunfall auf der Farm ums Leben gekommen war. Sogleich mußte der Soldat denken: „Nun siehst du, was passiert. Du hast diese dumme Entscheidung getroffen, Gott für alles zu danken, und dein Onkel war noch nicht einmal gläubig!"

Der Soldat erkannte jedoch, wer ihm diese Gedanken einflüsterte, und widerstand der Versuchung, Gott wegen dem Tod seines Onkels anzuklagen. Statt dessen betete er: „Gott, du weißt, wie sehr ich meinen Onkel geliebt habe, aber du hast ihn noch viel mehr geliebt. Folglich mußt du einen guten Grund gehabt haben, ihn jetzt schon wegzunehmen. Ich danke dir und preise dich dafür, daß du das Allerbeste getan hast."

Danach kam der Soldat über den Tod seines Onkels innerlich zur Ruhe, konnte jedoch eine gewisse Sorge um seinen Vetter, der erst vor kurzem Christus als seinen Heiland angenommen hatte, nicht los werden. Wie würde er nur über den Tod seines Vaters hinwegkommen? Der Soldat wäre gerne zu der Beerdigung nach Hause gefahren, um seinem Vetter Worte des Trostes zu sagen, er bekam jedoch keinen Urlaub.

„Gut, Herr", betete er. „Du kennst meinen Vetter besser als ich; deshalb danke ich dir einfach dafür, daß ich nicht gehen kann." Dann machte er sich auf den Weg zum nächsten Fernsprecher, um seine Eltern anzurufen und sie zu bitten, dem Vetter einige Worte der Anteilnahme zu übermitteln.

Als der Hörer am anderen Ende abgenommen wurde, erkannte er sofort die Stimme seines Vetters. „Wie geht es dir?" fragte er schnell, ganz überrascht, seinen Vetter zu hören.

„Ich preise den Herrn", kam die Antwort. „Wir sind alle so froh, daß Vater wenige Tage vor dem Unfall noch den Herrn angenommen hat. Er hatte noch Zeit, allen seinen Bekannten und Verwandten zu sagen, was Gott an ihm getan hatte, und wir wissen, es war Gottes Wille, daß er jetzt heimgegangen ist."

Der Soldat kehrte zur Freizeit zurück, um den anderen zu erzählen, was geschehen war. Die Frau eines Armeepfarrers, die ebenfalls anwesend war, versprach daraufhin dem Herrn, für alles in ihrem Leben dankbar zu sein.

Als sie an jenem Abend nach Hause fuhr, hatte sie ihre erste Gelegenheit dazu. In den achtzehn Jahren ihrer Fahrpraxis hatte sie noch nie einen Strafzettel bekommen. Diesmal wurde sie von einem Streifenwagen gestoppt. Der Wagen war ihr schon seit einiger Zeit gefolgt, und der Beamte hatte beobachtet, wie sie ohne Anhalten eine Kreuzung passiert hatte. Dafür bekam sie jetzt eine gebührenpflichtige Verwarnung.

Sie erklärte dem Beamten, daß ihm ein Fehler unterlaufen sei. Ein anderer Wagen, der dem ihren gleichgesehen habe, sei ohne Anhalten über die Kreuzung gefahren und habe sie anschließend mit hohem Tempo überholt. Der Polizist glaubte ihr jedoch nicht. Im ersten Moment wollte sie wütend werden und sich über diese Ungerechtigkeit beschweren. Doch dann erinnerte sie sich an ihr Versprechen, in allen Dingen dankbar zu sein.

„Gott, ich vertraue dir, daß dies dein Wille ist", betete sie leise. „Ich danke dir für dieses ganze Erlebnis." Auf einmal merkte sie, daß eine große Freude ihr Inneres durchflutete.

Am nächsten Tag kam sie wieder zu den Freizeitveranstaltungen und erzählte uns, was sie erlebt hatte.

„Ist es nicht wunderbar?" sagte sie. „Wir brauchen uns keine Sorgen zu machen, daß wir vielleicht ungerecht behandelt oder ausgenützt werden. Selbst *solche* Umstände werden uns zu einer Quelle der Freude und der Kraft, wenn wir Gottes Hand darin sehen und ihm Dank sagen."

Auch andere werden zu Christus gezogen, wenn wir Gott preisen. Wenn wir über die vielen kleinen Widerwärtigkeiten des Alltags genauso jammern und klagen wie unsere ungläubigen Freunde, dann können sie daraus ja schließen, daß wir *mit* unserem Glauben auch nicht besser dran sind als sie *ohne* Glauben. Wenn sie da in den heiklen Situationen des täglichen Lebens nicht sehen, daß Christus alles neu gemacht hat, wie können wir dann erwarten, daß sie uns glauben, wenn wir ihnen sagen, sie müßten Jesus haben?

Nicht das, was wir sagen, sondern das, was wir sind und was wir tun, wirkt auf andere Menschen anziehend. Und nirgends kommt das mehr zum Ausdruck als im täglichen Leben. Wie reagieren wir auf Verzögerungen und Schwierigkeiten im Geschäft, auf Notfälle, auf Begegnungen mit anderen Menschen? Reagieren wir so, daß man in uns auch nichts anderes sieht als in den andern? Oder läßt unsere Reaktion die anderen nachdenklich werden und zu der Überzeugung kommen: „An diesem Menschen ist etwas anders; er hat etwas, war mir fehlt?"

Ein Ehepaar las das Buch „Ich suchte stets das Abenteuer" und war danach überzeugt, daß Gott von ihnen Dankbarkeit in allen Dingen erwartete. Eines Nachts erwachten die beiden an einem Geräusch, das sich anhörte, als würde man Glas zertrümmern. Es war 2.30 Uhr in der Nacht. Der Mann schaute zum Fenster hinaus und sah, daß an seinem Wagen sämtliche Fensterscheiben eingeschlagen waren. Er sah gerade noch, wie eine Gruppe junger Leute in aller Eile um die nächste Hausecke verschwand.

Die Eheleute waren sich darin einig, daß Gott ihnen hier eine Gelegenheit gab, ihm dankbar zu sein. Sie knieten sich deshalb vor ihren Betten nieder und sagten Dank für das, was geschehen war.

Am nächsten Morgen brachte der Mann seinen Wagen in die Werkstatt und erklärte, was geschehen war.

„Dank sei Gott", sagte er. „Ich bin überzeugt, daß Gott eine wunderbare Absicht damit verfolgt."

Der Werkstattbesitzer schüttelte den Kopf.

„Wenn mir so etwas passieren würde, dann würde ich zusehen, daß diese Burschen den Schaden bezahlen müßten", sagte er.

Der Kunde lächelte. „Das ist nicht notwendig", erklärte er ihm. „Gott hat ja die Situation in Händen, deshalb brauche ich mich nicht darüber aufzuregen."

Der Werkstattbesitzer starrte ihn einen Augenblick ungläubig an und sagte dann: „Ich bin seit Jahren Christ, aber ich habe noch nie gehört, daß man Gott für die Zerstörungswut junger Rowdies danken soll."

Sie unterhielten sich weiter, und der Kunde erzählte dem Werkstattbesitzer auch von der Taufe im heiligen Geist und von der Kraft, die frei wird, wenn man Gott lobt und preist.

„Seien Sie mir davon still", erwiderte der Werkstattbesitzer. „Ich habe schon so viel über die Taufe im heiligen Geist gehört, daß ich es bald satt habe. Ich habe einen Kunden, der von nichts anderem redet. Aber erzählen Sie mir noch mehr über das Loben und Danken. Das erscheint mir recht interessant."

Der Kunde erklärte ihm, daß diese beiden Themen zusammengehörten, daß beide mit völligem Vertrauen und mit Hingabe an Gott zu tun hätten. Schließlich nahm der Werkstattbesitzer eine Einladung zum Besuch einer Versammlung von geisterfüllten Geschäftsleuten an, und in dieser Versammlung erlebte er selbst die Taufe im heiligen Geist.

Dann versprach er Gott ebenfalls, ihn für alle Dinge zu preisen. Oben auf der Liste stand sein eigenes Geschäft; dieses ging nämlich seit zwei Jahren mit Riesenschritten dem Bankrott entgegen.

Am nächsten Nachmittag wurde ihm von einem seiner Angestellten eine schlechte Nachricht überbracht. Dieser hatte einen Unfall gehabt und den LKW zusammengefahren. Das hätte normalerweise dem Geschäft vollends den Rest gegeben.

Der Werkstattbesitzer sah einen jungen Arbeiter an, der blaß und zitternd vor ihm stand und jeden Augenblick mit einem gewaltigen Wutausbruch seines Chefs rechnete. Do dieser legte nur lächelnd den Arm um die Schultern des jungen Mannes und sagte: „Wir wollen Gott für diesen Unfall danken und glauben, daß er diesen zum Besten dienen lassen wird.“

An die Versicherung wurde routinemäßiger Antrag auf Schadensersatz eingereicht, und zum großen Erstaunen des Werkstattbesitzers konnte er mit Hilfe der Abfindungssumme die dringendsten Rechnungen bezahlen. Dieser Unfall brachte den Wendepunkt in seinem Geschäft; seine Einnahmen wiesen ab jetzt eine ständig steigende Tendenz auf. Der Unfall brachte aber auch noch einen wichtigen Wendepunkt im persönlichen Leben des Werkstattbesitzers, der nun auf allen Gebieten ständig mehr Freude und Frieden erfuhr. Laufend kamen Kunden zum Glauben an Jesus Christus, weil sie von der Freude, die aus seinen Augen leuchtete, so sehr beeindruckt waren.

Wenn die Freude Christi in unserem Leben zum Vorschein kommt, dann werden andere Menschen zu ihm hingezogen.

Einmal ging ich nach einer Versammlung am späten Abend in ein Restaurant und bestellte mir ein Glas Milch. Die Bedienung sah mich freundlich an und ging dann in die Küche, um mir das Gewünschte zu holen. Einige Augenblicke später kam sie zurück und machte ein recht böses Gesicht.

„Es tut mir leid, Sir, aber der Kühlschrank ist abgeschlossen, ich kann Ihnen deshalb keine Milch bringen.“

„Dank sei dir, Herr!“ sagte ich automatisch. Die Bedienung sah mich mit rätselhaftem Blick an.

„Warum sagen Sie denn das?“

„Nun, ich habe es gelernt, für alles im Leben dankbar zu sein, weil ich glaube, daß Gott alle Dinge zum Besten dienen läßt, wenn man ihm die Gelegenheit dazu gibt.“

„Welcher Kirche gehören Sie denn an?“ fragte sie mich skeptisch.

„Ich bin Methodist.“

„Und ich gehöre zu den Baptisten, aber ich habe noch nie gehört, daß man für solche Dinge dankbar sein soll.“

„Sind Sie bekehrt?“ fragte ich sie.

„Nun“, sagte sie zögernd, „ich hoffe es, ich bin mir jedoch noch nie richtig sicher gewesen.“

„Aber Sie können hundertprozentig sicher sein“, erwiderte ich. „Jesus ist in die Welt gekommen, um uns die Gabe ewigen Lebens zu geben. Wir brauchen ihn nur um die Vergebung unserer Sünden zu bitten und ihm dann zu glauben, daß er es getan hat. Darf ich mit Ihnen beten und Gott bitten, daß er Ihnen diese Gabe gibt?“

Die Bedienung nickte eifrig. „Ja, das würde ich auch gerne erleben.“

Ich legte ihr die Hand auf die Schulter. Dann neigten wir unser Haupt, und ich betete dort in dem leeren Restaurant — wenige Minuten nach Mitternacht —, daß Gott ihr den Glauben schenken und die Gewißheit des ewigen Lebens in Christus geben möge.

Die Tränen liefen ihr über das Gesicht.

„So glücklich war ich noch nie in meinem Leben“, sagte sie dann. „Mir ist, als wäre mir eine schwere Last von den Schultern genommen. Jetzt glaube ich wirklich, daß ich bekehrt bin.“

Für ein Glas Milch dankbar zu sein, das man nicht bekommt, wenn man es haben möchte, mag als recht belanglos erscheinen, aber wenn wir lernen, Gott auch für die allerkleinsten Dinge dankbar zu sein, wird er unsere Dankbarkeit benützen, um unglückliche, mißmutige Menschen zu ihm zu ziehen. Und er kann dann auch ihre Sorgenlasten und Gebrechen in Freude und Frieden verwandeln.

Einmal saß ich im Warteraum des Flughafens von Atlanta und wartete auf meinen Flug, als plötzlich ein fremder Mann meine Aktentasche hochhob, die ich auf einem kleinen Tisch neben mir abgestellt hatte. Ich hatte den Verschluß offen gelassen, und nun fiel der ganze Inhalt auf den Boden. Briefe und sonstige Papiere flatterten durch die Gegend, und dort auf dem schmutzigen Fußboden entdeckte ich auch meine Zahnbürste wieder. Ich fühlte die Erregung in mir hochkommen, murmelte dann aber still: „Herr, ich danke dir auch dafür und weiß, du hast einen guten Grund, weshalb du dies zugelassen hast."

Der in große Verlegenheit geratene Fremde entschuldigte sich und fing eilig an, meine verstreuten Habseligkeiten zusammenzuraffen. Als ich ihm dabei behilflich sein wollte, sah er hoch und sagte: „Sie können sich wohl nicht mehr an mich erinnern, oder doch?"

„Nein, ich glaube nicht."

Dann erklärte er mir, daß wir uns vor einigen Monaten kurz kennengelernt hätten und daß er gerade jetzt durch die Wartehalle gegangen sei — müde und niedergeschlagen — und Gott gebeten habe, ihm doch jemand in den Weg zu schicken, der ihm helfen könne.

„Da sah ich Sie und hob Ihre Aktentasche hoch, um mich neben Sie auf den kleinen Tisch zu setzen", erklärte er. „Nun weiß ich, daß Gott mich zu Ihnen geführt hat. Würden Sie mir bitte erklären, weshalb Sie vorhin so vollkommen ruhig blieben, als ich Ihre ganzen Sachen auf den Boden warf?"

Ich war natürlich überglücklich, daß ich ihm erzählen konnte, wie herrlich es ist zu wissen, daß denen, die Gott lieben, alle Dinge zum Besten dienen, und daß kleine Erlebnisse, wie eine offene Aktentasche, Gelegenheit sind, um Gott zu danken und ihn bei seiner Arbeit zu beobachten.

Der Mann war erstaunt und stellte mehrere Fragen. Als ich dann gehen mußte, um das Flugzeug zu besteigen, sagte er: „Würden Sie so bald wie möglich einmal nach Fort Lauderdale in Florida kommen und mich besuchen?"

Jetzt war ich derjenige, der staunte. Ich hatte nämlich darum gebetet gehabt, daß Gott mir einmal eine Möglichkeit geben möge, nach Fort Lauderdale zu kommen, denn ich hatte viel darüber gehört, was Gott unter den dortigen Christen gewirkt hatte.

Paulus schrieb an die Christen in Philippi:

„Alles, was ihr tut, tut es ohne Klagen und Hadern, damit euch niemand etwas nachsagen kann. Ihr sollt ein reines, unschuldiges Leben führen als Kinder Gottes mitten in einer dunklen Welt voll Menschen, die verdorben und halsstarrig sind. Unter diesen sollt ihr leuchten wie Signalfeuer und ihnen das Wort des Lebens reichen ...

Was auch immer geschieht, liebe Freunde, freut euch in dem Herrn. Es verdrießt mich nie, euch dies zu schreiben, und es ist gut für euch, daß ihr es immer und immer wieder hört" (Philipper 2, 14—16; 3, 1 — wörtliche Übersetzung aus der englischen „Living Bible").

Nur dann, wenn wir nicht mehr klagen und uns von ganzem Herzen in Christus freuen, sind wir in der Lage, wie Lichter zu scheinen und das Wort des Lebens in einer dunklen Welt hochzuhalten. Das war so in Philippi, und das ist auch so in unseren Tagen.

Deshalb wollen wir aufhören zu murren und den Herrn preisen für alles Dunkle und Böse um uns herum. Wenn wir das tun, dann dürfen wir sehen, wie Gottes helles Licht die Finsternis durchbricht!

Die Freude am Herrn
VII

„Die Freude am Herrn ist eure Stärke", sagte der Prophet Nehemia (Nehemia 8, 10).

Kein Wunder lag Jesus so viel daran, daß seine Jünger verstehen würden, weshalb er gekommen war: nicht nur, um durch sein Opfer am Kreuz ihr Heil zu erwerben, sondern auch, um ihnen die tragende Kraft seiner Freude zu vermitteln.

„Bisher habt ihr nichts unter Berufung auf mich erbeten", sagte er zu ihnen. „Bittet, und er wird euch beschenken, damit eure Freude vollkommen wird" (Johannes 16, 24). Die Freude am Herrn ist für uns da, wir brauchen nur darum zu bitten.

Vor seiner Gefangennahme betete Jesus so: „. . . damit *meine ganze Freude* sie erfüllt" (Johannes 17, 13).

Jeder wiedergeborene Christ weiß, daß seine Erlösung ein Geschenk ist. Er wurde durch den heiligen Geist wiedergeboren, als er Jesus Christus als seinen Heiland annahm — *im Glauben.* Viele Christen haben inzwischen entdeckt, daß Gottes Geschenk noch mehr beinhaltet als nur die Wiedergeburt. Auch die Taufe im heiligen Geist dürfen wir beanspruchen — *im Glauben.* Doch nur wenige scheinen erkannt zu haben, daß Jesus uns diese Freude bereits erworben hat; wir brauchen sie nur zusammen mit den anderen Segnungen *im Glauben* in Anspruch nehmen.

Wenn die Freude am Herrn unsere Stärke sein soll, dann ist sie bestimmt nicht etwas, das wir als Allerletztes in einer langen Reihe von Segnungen erhalten, ungefähr so wie die Schlagsahne auf dem Kuchen. Diese Freude ist vielmehr etwas, das wir von Anfang an brauchen, etwas, das uns trägt und stärkt in unserer Aufgabe, die Gute Nachricht auf der ganzen Welt zu verbreiten.

Paulus schrieb an die Korinther: „Ich will damit nicht sagen, daß ich mich als Richter über euren Glauben betrachte. Meine Aufgabe ist es, zu eurer Freude beizutragen" (2. Korinther 1, 24).

Paulus meinte damit nicht, daß er sie glücklich machen wolle, indem er ihnen vielleicht nette Geschenke mitbringen oder für angenehme Verhältnisse sorgen werde. Er wollte sie an die Freude erinnern, die sie bereits empfangen hatten. Die Korinther sollten sich in der Freude, die der heilige Geist in sie hineingepflanzt hatte, üben und sie pflegen.

Paulus wußte nur zu gut, daß die äußeren Verhältnisse eines aktiven Bekenners des christlichen Glaubens immer auch Anfechtungen und Leiden umfassen würden. Die Quelle seiner Freude lag im ständigen Bleiben in Christus.

„Nur daß der heilige Geist in allen Städten mir bezeugt und spricht, Gefängnis und Trübsale warten mein. Aber ich achte für mich selbst mein Leben keiner Rede wert, *wenn ich nur vollende meinen Lauf* und das Amt, das ich empfangen habe von dem Herrn Jesus, zu bezeugen das Evangelium von der Gnade Gottes" (Apostelgeschichte 20, 23—24 — Luther-Übersetzung).

Wenn uns aber Jesus diese Freude bereits geschenkt hat, warum ist dann das Leben der meisten Christen so völlig freudlos?

Jesus betete darum, daß seine Freude in uns vollkommen würde. Er meinte damit, daß wir uns selbst diese Freude nicht geben können, so wenig wie wir uns selbst erretten oder Friede und Liebe geben können. Wir können nur eines tun, nämlich das akzeptieren und glauben, was Jesus bereits für uns getan hat und damit ihm die Möglichkeit geben, seine Freude in uns vollkommen zu machen.

In der Praxis bedeutet das, daß wir uns bewußt vornehmen, die Freude zu akzeptieren, ohne Rücksicht darauf, wie uns zumute ist, und glauben, daß Gott nun unsere Traurigkeit in echte Freude verwandelt, so wie er es verheißen hat.

Liebe, Freude und Friede sind alle ein Teil der Frucht des heiligen Geistes in uns. Jesus gab seinen Jüngern Anweisung, welche Pflege anzuwenden ist, wenn man diese Frucht erhalten will.

„Ich liebe euch so, wie der Vater mich liebt. Bleibt in dieser Liebe! Wenn ihr mir gehorcht, dann bleibt ihr in meiner Liebe, so wie ich meinem Vater gehorcht habe und mich nicht von seiner Liebe löse. *Ich habe euch dies gesagt, damit euch meine Freude* erfüllt" (Johannes 15, 9—11).

Die Quelle dieser Freude liegt nicht in günstigen Verhältnissen, sondern darin, daß man Jesu Gebote kennt, ihnen gehorcht und in ihm bleibt.

Jeremia sagte: „Deine Worte waren vorhanden, und ich habe sie gegessen, und deine Worte waren mir zur Wonne und zur Freude meines Herzens“ (Jeremia 15, 16 — Elberfelder Übersetzung).

Gewiß ist Freude etwas, das man auch mit den Gefühlen erleben kann. Sie ist eine frohmachende, übersprudelnde Erfahrung. Doch abhängig von den Gefühlen ist die Freude nicht.

Wir sollen uns nicht freuen, weil wir freudige Gefühle haben; vielmehr sind die freudigen Gefühle ein Resultat dessen, daß wir uns freuen.

David kannte das Geheimnis des Sichfreuens, denn er schrieb in Psalm 2, 11: „Freuet euch mit Zittern.“ Und in Psalm 27, 6 lesen wir: „Und nun wird mein Haupt erhöht sein über meine Feinde rings um mich her; und *Opfer des Jubelschalls* will ich opfern in seinem Zelte, ich will singen und Psalmen singen Jehova“ (Psalm 27, 6 — Elberfelder Übersetzung).

Lange Zeit hatte ich angenommen, Freude sei etwas, das ich erleben würde, wenn ich selbst und alles um mich her glücklich und zufrieden wäre. Heute weiß ich, daß Freude nicht in den Gefühlen entsteht, sondern durch meinen Willen ausgelöst wird und Teil des Lebens ist, das im Lobpreis Gottes gelebt wird.

„Freuet euch des Herrn, ihr Gerechten, die Frommen sollen ihn recht preisen“, schrieb David in Psalm 33, 1.

Freude, Danksagung und Lobpreis gehören zusammen, und unser Abkommen mit Gott, ihn in allen Dingen zu loben und zu preisen, wird nicht vollständig sein, bevor wir uns nicht damit einverstanden erklären, uns auch in jeder Lage zu freuen.

Eine ältere Frau, die mit dem heiligen Geist erfüllt worden war und seit Jahren aktiv in der christlichen Arbeit stand, wurde von schwerer Arthritis befallen. Jahrelange Schmerzen hatten ihr jegliche Freude am Leben geraubt. Schon die geringste Hausarbeit wurde ihr zur Qual, und so kam sie mit der Zeit immer mehr in einen depressiven Zustand hinein.

Sie glaubte an göttliche Heilung und hatte manchen Heilungsgottesdienst besucht; doch nirgends fand sie Hilfe, im Gegenteil, ihr Zustand verschlechterte sich noch ständig. Eines Tages hörte sie von der Kraft, die darin liegt, daß man Gott für alles dankbar ist, und sie entschloß sich, auch diesen Weg einmal auszuprobieren. Es war nicht einfach für sie; denn sie litt Tag und Nacht an starken Schmerzen. Doch sie war willig, für jeden Teil ihres Lebens, einschließlich der Schmerzen, aufrichtig dankbar zu sein.

Eines Tages ging sie mit einem Tablett Küchengeschirr ganz langsam durch ihre Küche. Plötzlich fiel ihr das Tablett aus der Hand, und das ganze Geschirr lag verstreut am Boden. Mit ihrem schmerzenden Rücken und den steifen Fingern war es ihr unmöglich, sich zu bücken und die Sachen aufzulesen. Wenn ihr bisher etwas aus der Hand gefallen war, hatte sie darauf stets mit Tränen des Selbstmitleids reagiert. Doch diesmal dachte sie an ihr Versprechen, Gott in allen Dingen zu danken.

„Ich danke dir, Herr", betete sie, „daß du mich hast alles fallen lassen. Ich glaube, auch das muß mir zum Besten dienen."

Blitzartig wurde ihr bewußt, daß außer ihr noch andere Wesen in der Küche anwesend sein mußten. Sie war allein, und doch spürte sie, daß sie nicht mehr allein war. Voll Verwunderung erkannte sie, daß sie von Engeln umgeben war. Die Engel lachten und jubelten, und sie wußte, daß diese Freude ihr galt. Auf einmal begriff sie.

Jesus sprach zu seinen Jüngern: „Genauso freuen sich die Engel Gottes über einen einzigen Sünder, der ein neues Leben anfängt" (Lukas 15, 10).

Ganz gewiß war auch sie eine Sünderin, deren Herz in wunderbarer Weise verwandelt worden war. Jahrelang hatte sie im Selbstmitleid gelebt und Anklage gegen Gott erhoben, daß er sie so leiden ließ. Sie hatte ihn um Heilung angefleht und innerlich das Empfinden genährt, er habe sie im Stich gelassen. Endlich hatte sie dann erkannt, daß ihr Murren im Unglauben wurzelte, und nun war Freude bei den Engeln, als sie Gott so sehr vertraute, daß sie ihm für das Unglück mit dem Tablett danken konnte.

Da stand sie nun mitten in ihrer Küche und ließ sich von dieser Freude durch und durch erfüllen. Mit frohem Herzen konnte sie Gott aufrichtig dafür danken, daß er das Leiden zugelassen und ihr dadurch solche Freude geschenkt hatte.

Kurze Zeit später besuchte sie einen Gottesdienst, bei dem für die Kranken gebetet wurde. Voll Vertrauen ging sie nach vorne. Bisher hatte das Vorhandensein der Schmerzen ihren Glauben immer sehr geschwächt. Doch jetzt gründete sich ihr Glaube nicht mehr auf die Gefühle. Sie war nun frei und konnte glauben — egal, wie groß ihre Schmerzen auch waren. An jenem Abend wurde sie vollständig geheilt. Alle Schmerzen verschwanden, und die gekrümmten Gelenke wurden gerade und normal.

Wir Menschen sind Gewohnheitstiere. So lange haben wir uns von unseren Sinnen unsere Reaktionen vorschreiben lassen. Doch Christus ist gekommen, um in uns Wohnung zu machen, damit seine Freude völlig in uns sei.

Die Initiative zur Freude kommt weder aus den Gefühlen noch aus dem Gemüt noch aus den Sinnen, sondern aus dem Teil in uns, der Geist ist — geboren aus dem heiligen Geist. Da ist der Sitz unseres Willens, und je mehr wir unserem Willen die Initiative für unsere Handlungen überlassen, anstatt auf unsere Sinne zu achten, desto mehr werden wir entdecken, daß wir immer mehr Kraft bekommen, um auf jede Lebenslage mit Lobpreis, mit Freude und mit Danksagung zu reagieren. Unsere frühere Gefühlsabhängigkeit nimmt ab, und wenn wir beharrlich daran festhalten, dann werden wir bald feststellen, daß die Freude, die ihren Ursprung in unserem Geist und in unserem Willen hat, auch unsere Sinne erfaßt.

Was mit einem Willensakt gegenüber Gottes Wort begann, wird uns schließlich in einen Zustand versetzen, in dem wir mit unseren Gefühlen, Sinnen und Gedanken ein überfließendes Maß an Lobpreis, Danksagung und Freude erleben, das alles bisher Gekannte weit übertrifft.

Wenn wir uns Gottes Willen vollkommen unterwerfen, so daß alle Hindernisse hinweggeschwemmt und wir in vollkommene Gefäße umgestaltet werden, dann werden wir auch merken, daß die Freude am Herrn in uns völlig ist.

Fast zwanzig Jahre lang litt ich an Magenbeschwerden. Viele Speisen konnte ich überhaupt nicht vertragen. Ich hatte die verschiedensten Ärzte aufgesucht und alle möglichen Medikamente ausprobiert, aber nichts wollte helfen.

Ich betete und versuchte zu glauben, daß Gott mich heilen würde, jedoch ohne sichtbare Resultate. Auch andere beteten mit mir — Glaubensmänner, deren Dienst in der Krankenheilung weithin bekannt war, Gebetskreise und Freunde —, aber die Beschwerden wurden nicht besser.

Ich nahm die Verheißung in Anspruch, die Jesus in Markus 16 gab, daß mir nicht einmal Gift schaden könnte, und aß jetzt häufiger, was mir vorgesetzt wurde. Doch die Beschwerden traten immer und immer wieder auf, mir wurde schrecklich übel, ich konnte nicht schlafen und hatte großes Selbstmitleid.

Schließlich entschloß ich mich, im Glauben die Tatsache zu akzeptieren, daß ich durch Christi Tod für mich geheilt war, und zu glauben, daß die Symptome in dem Augenblick verschwinden würden, den er bestimmt. Mehrere Jahre lang stützte ich mich auf diese

Zusage und dankte Gott, daß er auf diese Weise in meinem Leben alles zum Besten führen würde.

Bevor ich bei der Armee pensioniert wurde, entschlossen sich die Ärzte zu einer Magenoperation. Sie fanden jedoch nichts Besonderes, woraus sich meine jahrelangen Schmerzen erklärt hätten, und konnten folglich auch nichts tun, um die Schmerzen zu beheben.

Als ich nach der Operation wieder in meinem Krankenhausbett lag, nahmen die Schmerzen an Heftigkeit derart zu, daß ich sie kaum aushalten konnte. Schmerzstillende Mittel blieben völlig wirkungslos. Schlaflos lag ich im Bett, während die Stunden dahinschlichen und ich das Gefühl hatte, als wolle mich die Finsternis erdrücken. Die finsteren Mächte schienen greifbar nahe, und ich kämpfte gegen die Versuchung an, dieser Angst nachzugeben. Ich wollte ja nicht sterben, aber vor einem Weiterleben unter diesen Qualen graute mir auch.

In dem Augenblick, als die Finsternis am dichtesten schien, rief ich aus: „Herr, es ist mir egal, was geschieht und wie elend ich bin, ich danke dir für dieses ganze Erlebnis, du wirst es zum Besten dienen lassen."

Auf der Stelle wich die Finsternis in dem Krankenzimmer einem strahlenden weißen Licht, heller als die Sonne. Es war so hell wie das Licht, das ich Jahre zuvor in einer Vision gesehen hatte. Damals hatte der heilige Geist mir die Vision erklärt. Eine dunkle Wolke hing über einer sonnigen Wiese, und über dieser Wolke war ein strahlendes weißes Licht. Über der Wolke war Freude und Segen, die Christus uns schon erworben hatte. Aber um dorthin zu gelangen, mußten wir auf einer Leiter direkt durch die dunkle Wolke der Verworrenheit und des Schmerzes steigen. Innerhalb der Wolke war es unmöglich, sich auf Grund der üblichen Sinneswahrnehmungen — Gesicht, Gehör, Gefühl — zu orientieren. Die Leiter konnte nur im Glauben bestiegen werden und indem man Gott auf jeder Sprosse lobte und pries. Durch das Durchqueren der dunklen Wolke wurde man von aller Abhängigkeit von den natürlichen Sinnen befreit und lernte es, Gottes Wort zu vertrauen. Die Leiter des Lobens und Dankens brachte uns direkt in die himmlische Behausung hinein, wo wir mit Jesus Christus unseren Platz einnahmen.

Als ich dort im Krankenhaus in meinem Bett lag, wurde mein ganzer Körper von diesem wunderbaren hellen Licht durchflutet, und ich erkannte plötzlich, daß die Vision von damals nun Wirklichkeit war.

Die Jahre, die ich in dem Glauben gewandelt hatte, daß Gott meine Schmerzen zum Besten dienen lassen werde, waren Jahre, in denen ich durch die Wolke der Finsternis und Ungewißheit gestiegen war. Ohne die Wolke hätte ich nie gelernt, meine Abhängigkeit von den Sinnen und Gefühlen hinter mir zu lassen. Jetzt konnte ich Gott von ganzem Herzen danken für jeden Umstand in meinem Leben, der zu dieser dunklen Wolke beigetragen hatte. Woher hätte ich sonst auch lernen können, ihm völlig zu vertrauen? Auf welche andere Weise hätte ich wohl diese herrliche Durchflutung mit Licht und Freude erleben können?

Als ich aus dem Krankenhaus entlassen wurde und wieder zu Hause war, stellte ich fest, daß Gott auch mein Magenleiden weggenommen hatte.

Die Speisen, die mir früher stundenlang Schmerzen verursacht hatten, machten mir jetzt in keiner Weise mehr zu schaffen. Ich genoß meine neue Freiheit und aß nach Herzenslust Erdbeeren, Äpfel, Bananen, Eiskrem — lauter Dinge, die ich jahrelang hatte meiden müssen.

Im Laufe der Jahre wurden andere Menschen oft auf der Stelle geheilt, wenn ich mit ihnen betete; doch bei mir wollte Gott den Glauben stärken, indem er mich seinem Wort vertrauen lehrte.

Loben und Danken läßt die Heilungskraft Gottes zwar frei werden, doch die Heilung selbst ist von sekundärer Bedeutung. Solange es uns in erster Linie um unser eigenes Wohlbefinden, um unser Verlangen nach Gesundheit und um Befreiung von physischen Schmerzen geht, so lange lenken wir unsere Aufmerksamkeit in die falsche Richtung. In Wirklichkeit läuft unsere Besorgnis auf ein Infragestellen des Planes Gottes für unser Leben hinaus.

Jahrelang lebte ich in der Angst, einmal alle meine Zähne zu verlieren. Eines Tages sagte mir mein Zahnarzt, daß ich Zahnfleischentzündung und Kieferknochenschwund hätte. Eine Röntgenaufnahme brachte die traurige Tatsache ans Licht: bald würde ich ohne Zähne sein!

Niedergeschlagen verließ ich die Praxis des Zahnarzts. Natürlich wußte ich, daß ich Gott für meinen Zustand danken sollte, doch war ich ganz und gar nicht glücklich darüber.

„Ich danke dir, Herr", sagte ich. „Ich bin dankbar dafür, daß du meine Zähne in einen solch schlechten Zustand hast kommen lassen. Ich bin überzeugt, daß du besser weißt, was für mich gut ist. Deshalb preise ich dich dafür, Herr."

Schon während des Gebets empfand ich eine größere Dankbarkeit, und als dann eine Bekannte bei mir vorbeikam, erzählte ich ihr, daß ich wieder eine Gelegenheit hätte, den Herrn zu preisen.

„Hast du schon um Heilung gebetet?“ fragte sie mich.

„Nein“, erwiderte ich. „Ich habe soeben eingesehen, daß ich über den bevorstehenden Verlust meiner Zähne nicht schimpfen darf, da dieser ja nicht ohne Gottes Zulassung eintreten kann.“

„Ich glaube, Gott möchte dir ein tadelloses Gebiß geben“, sagte meine Bekannte und legte mir leicht die Hand auf die Schulter. „Lieber Gott“, betete sie, „ich danke dir, daß du Merlins Zähne in einen solch schlechten Zustand hast kommen lassen. Wir preisen dich und bitten dich, daß du dich dadurch verherrlichst. Rühre Merlin gerade jetzt an und heile ihn vollständig.“

Nach drei Tagen ging ich wieder zum Zahnarzt. Ich beobachtete ihn, wie er mit rätselhaften Blicken sorgfältig die neue Röntgenaufnahme prüfte, sie dann aus der Hand legte und noch einmal einen Blick in meinen Mund warf. Er schüttelte den Kopf und murmelte etwas vor sich hin, während ich dachte: *Vielleicht sind meine Zähne noch schlechter, als er es erwartet hatte.*

Schließlich trat der Zahnarzt einen Schritt zurück, musterte mich von Kopf bis Fuß und fragte dann: „Was haben Sie bloß mit Ihren Zähnen gemacht?“

„Gar nichts, Herr Doktor!“

„Dann komme ich nicht mehr mit.“ Er schaute die alte Röntgenaufnahme an, verglich sie mit der neuen und sagte dann: „Ihre Kieferknochen sind vollkommen in Ordnung, Ihr Zahnfleisch ist weder entzündet noch geschwollen — Ihr ganzer Mund ist wieder gesund!“

Ich lachte still in mich hinein. Wie wunderbar war es zu wissen, daß Gott mich geheilt hatte. Aber was noch viel schöner war: die Heilung war mir nicht mehr das Wichtigste. Die nagende Furcht, die ich wegen dem künstlichen Gebiß immer mit mir herumgetragen hatte, war wie weggeblasen. Es war mir jetzt völlig egal, ob ich eigene oder künstliche Zähne hatte; ich hatte herrliche Gemeinschaft mit Christus und vertraute Gottes liebender Fürsorge, daß er sich um all die Dinge in meinem Leben kümmern würde, auf die es wirklich ankam.

Kürzlich erhielt ich einmal einen Brief von einer lieben Frau in New Hampshire. Sie lebt allein mit ihrem jungen Sohn. Als sie mir schrieb, hatte sie zwei schwere Operationen hinter sich, wurde ständig von Schmerzen geplagt und mußte im Bett liegen. Sie schrieb mir folgendes:

„Preis sei Gott für seine große Treue! Nach meiner letzten Operation war ich sehr entmutigt, doch da gab mir jemand das Buch ‚Ich suchte stets das Abenteuer'. Ich entschloß mich, Gott für meine Krankheit zu danken und den Blick ständig auf Jesus zu richten. Die Schmerzen vergingen nicht, doch durfte ich meinen Heiland in viel innigerer Weise kennenlernen, und der heilige Geist richtete mich wunderbar auf.

Manche meiner Bekannten sagten zu mir, mein Leiden sei eine Strafe Gottes. Doch ich weiß, daß das nicht stimmt. Jesus hat mich nie beschuldigt, statt dessen durfte ich viel über seine Liebe erfahren. In diesen vergangenen Monaten hat er mir durch sein Wort Dinge in meinem Herzen und Leben gezeigt, die nicht dahin gehören, Gefühle und Gedanken, die nichts mit der Gesinnung Christi zu tun haben. Gott hat mir in seiner wunderbaren Liebe vergeben und hat alle alten Wunden in meinem Leben geheilt.

Ich habe es gelernt, Jesus auch für die schweren Stunden und selbst für die Schmerzen zu danken. Ich liebe Jesus von ganzem Herzen. Ich verstehe nicht, warum er mich so führt, aber wenn ich auf diesem Weg mit Gott glücklich sein kann, guten Mutes in Schwachheit (2. Korinther 12, 10), dann will ich ihn ganz gewiß dafür preisen.

Ich muß wahrscheinlich noch einmal ins Krankenhaus zu einer dritten Operation. Ich danke Gott dafür in dem Bewußtsein, daß er es zum Besten dienen lassen wird. Ich weiß, er kann mich heilen, und danke ihm, was seine Liebe für mich ausersehen hat."

Ihre Zeilen quollen über vor echter Freude und Dankbarkeit. Ihr Körper lag immer noch in Schmerzen, doch innerlich hatte sie eine Heilung ihres Gemüts erfahren und war in Christus in ein wunderbares Verhältnis zu Gott gekommen. Alles andere — auch ihre Heilung — war an zweite Stelle gerückt.

Das Einssein mit Gott in Christus war das Ziel, nach dem sich auch Paulus ausstreckte. Jesus wußte, daß durch sein Kommen auf diese Erde, die Sündenbarriere zwischen Gott und Mensch aus dem Weg geräumt werden sollte, damit der Schöpfer und seine Schöpfung wieder eins werde, so wie er es am Anfang geplant hatte.

Vor seiner Kreuzigung betete Jesus für uns:

„Ich bete nicht nur für sie, sondern für alle, die durch ihr Wort von mir hören und mir vertrauen. Ich bete darum, daß sie alle eins seien. So wie du in mir bist und ich in dir, Vater, so sollen auch sie durch uns eins werden! Dann wird die Welt glauben, daß du mich gesandt hast. Ich habe ihnen die gleiche Herrlichkeit gegeben, die du mir gegeben hast, damit sie so untrennbar eins sind wie du und ich. Ich wirkte in ihnen, und du wirkst in mir: so werden sie zu einer vollkommenen Einheit. Dann erkennt die Welt, daß du mich gesandt hast und daß du sie ebenso liebst wie mich. Vater! Du hast sie mir gegeben, und ich will, daß sie dort sind, wo ich bin, damit sie meine Herrlichkeit sehen können. Diese Herrlichkeit hast du mir gegeben, weil du mich liebtest, bevor die Welt geschaffen wurde. Vater, du hältst dein Versprechen. Die Welt kennt dich nicht; aber ich kenne dich, und diese hier wissen, daß du mich gesandt hast. Ich habe ihnen gezeigt, wer du bist, und werde es weiter tun. Die Liebe, die du zu mir hast, soll auch sie erfüllen, und ich will in ihnen wirken" (Johannes 17, 20—26).

Jesus betete, und wir wissen ganz gewiß, daß sein Gebet Erhörung fand. Paulus versicherte uns, daß wir mit Christus in das himmlische Wesen versetzt *sind*. Christus wohnt in uns. Wir sind eins mit dem Vater.

Wenn wir einmal anfangen, die volle Bedeutung dieser vollbrachten Tatsachen zu begreifen, werden wir alles andere in unserem Leben in der richtigen Perspektive sehen. Die äußeren Umstände, die bisher in keinem Verhältnis zu unserer Beziehung zu Christus standen und fast unsere ganze Aufmerksamkeit in Anspruch nahmen, passen jetzt wunderbar in den Plan hinein, den Gott in unserem Leben zur Ausführung bringen will. Wir sehen diesen Plan zwar noch nicht, doch wir sehen Jesus Christus als Herrn und Meister und wissen, daß Gott einen Plan hat und daß dieser wunderbar ist.

Seit der Veröffentlichung meines Buches „Ich suchte stets das Abenteuer" habe ich zahlreiche Zuschriften aus Gefängnissen und Strafanstalten im ganzen Land erhalten.

Ein Todeskandidat schrieb mir folgendes:

„Ich bin zum Tod durch den elektrischen Stuhl verurteilt. Ich weiß, ich muß sterben, und lange Zeit hatte ich keinerlei Hoffnung auf ein Leben nach dem Tode. Mein ganzes Denken stand unter der Kontrolle schrecklicher Furcht, und ich fühlte mich von Gott und den Menschen verlassen. Aber dann las ich ‚Ich suchte stets das Abenteuer'. Es war, als würde ich innerlich wieder ganz lebendig. Ich wagte zu glauben, daß Gott real ist und daß er jeden Menschen dahin bringen will, daß er seinen Sohn als Herrn und Heiland annimmt.

Ich schaute auf mein eigenes schmutziges Leben zurück und erkannte, daß alles mit Gottes Zulassung geschehen war, damit ich an den Punkt komme, wo ich nach ihm greifen würde. Und ich griff nach ihm. In einem einzigen Augenblick wußte ich, daß Gott alle Dinge zu unserem Besten und zu seiner Ehre hinausführt. Zum erstenmal wußte ich, daß mein ganzes Leben von Gott gesegnet war und daß ich durch den Glauben an seinen Sohn nun ihm gehörte. Ich bin jetzt in Wahrheit frei und erfüllt von seinem Frieden und seiner Freude."

Ein anderer Gefangener schrieb:

„Ich war an einem Punkt angelangt, wo ich alle und alles haßte. So sehr ich mich auch anstrengte, ich konnte keinen Grund zur Freude am Leben finden. Jemand gab mir das Buch ‚Ich suchte stets das Abenteuer', und als ich es zum erstenmal las, hielt ich es für einen Haufen Unsinn. Je länger ich jedoch darüber nachdachte, desto mehr verspürte ich ein Verlangen, Gott für mein verpfuschtes Leben zu danken. Ich hatte ja sowieso den tiefsten Punkt erreicht, was konnte ich schon dabei verlieren?

Ich fing an, die Ereignisse in meinem Leben einzeln zu überdenken, so wie sie mir wieder in Erinnerung kamen. Ich dankte Gott, daß jeder einzelne Vorfall ein Teil seines Planes für mich war. Das ganze Vorgehen erschien mir ziemlich dumm, doch ich zwang mich zum Weitermachen. Als ich so fortfuhr, geschah in meinem Innern etwas. Allmählich war mir so, als sei Gott ganz persönlich an meinem verpfuschten Leben beteiligt. Könnte es wirklich stimmen, daß er sich für mich interessierte? Längst vergessene Ereignisse fielen mir plötzlich wieder ein. Bisher hatte ich sie als tragisch empfunden, doch jetzt sah ich sie allmählich als Teil von Gottes gnädigem Wirken, um mich zu der Überzeugung zu bringen, daß ich ihn brauchte.

Ich pries ihn für jede Einzelheit in meinem Leben. Ich dankte ihm für die Menschen, die mich gehaßt, schlecht behandelt, über mich gelogen und mich betrogen hatten, und ich dankte ihm auch für die, die ich gehaßt, schlecht behandelt, über die ich gelogen und die ich betrogen hatte.

Ein herrlicher Friede floß in mich hinein. Gott heilte alle die bitteren Erinnerungen. Es war, als wären die Gefängnismauern auf einmal verschwunden, und ich war von einem wunderbaren Frieden umgeben. Trotz Mauern und Gittern bin ich nun kein Gefangener mehr. Ich bin frei in Christus, Preis sei Gott!"

Ein weiterer Brief erreichte mich aus einem Zuchthaus mit strengsten Sicherheitsvorkehrungen, das im Westen der Vereinigten Staaten liegt.

„Preis sei Gott! Die Besucherzahl der Gottesdienste und der Bibelabende nimmt beträchtlich zu. Letzte Woche nahmen drei Männer Christus als ihren Heiland an. Stellen Sie sich vor, was es bedeuten würde, wenn innerhalb dieser Mauern jede Woche drei Seelen zu Jesus fänden. (In einem späteren Brief berichtete er, daß im darauffolgenden Monat zwölf Männer Christus annahmen und vier die Taufe im heiligen Geist empfingen.) Wir wissen die Gebete der Brüder in Fort Benning sehr zu schätzen. Der Herr offenbart seine Gegenwart in dieser Anstalt wie nie zuvor ... Gott erhört unsere Gebete, und eines Tages werden wir feststellen, daß unter diesen Gefangenen hier viele Seelen Jesus gehören. Wie sehr wurde mir doch Ihr Buch ‚Ich suchte stets das Abenteuer' zum Segen. Wir freuen uns sehr über die Möglichkeit der Evangeliumsverkündigung per Tonband in diesem Gefängnis, damit wir auch einmal unsere Brüder in Christus von ‚draußen' hören können.

Gott ist so herrlich! Vor acht Jahren kam ich durch diese Gefängnistore, wegen bewaffneten Raubüberfalls soeben zu einer Zuchthausstrafe von 10 bis 80 Jahren verurteilt. Ich dachte, meine Zukunft könne nur noch eine Polizeikugel oder der Alkohol sein. Ich machte sämtliche Rehabilitationsprogramme mit, doch als ich auf Bewährung aus der Haft entlassen wurde, griff ich wieder zum Alkohol und war für volle drei Monate und fünfundzwanzig Tage betrunken, bis ich dann wieder ins Gefängnis gesteckt wurde. Ehrlich und aufrichtig hatte ich versucht, mein Leben zu ändern, doch es war alles zwecklos gewesen.

Vor sechs Monaten hat Jesus Christus in einem Moment diese Veränderung in mir vorgenommen. Ich wurde verwandelt, so wie es die Bibel sagt. ‚Darum, ist jemand in Christus, so ist er eine neue Kreatur; das Alte ist vergangen, siehe, es ist alles neu geworden!' (2. Korinther 5, 17 — Luther-Übersetzung.) Seit diesem Zeitpunkt ist Jesus dabei, mein Leben zu reinigen, indem er sein Licht in jede finstere, verschmutzte Ecke meines Herzens hineinleuchten läßt.

Preis sei Gott! Kein einziges irdisches Rehabilitationsprogramm kann auch nur annähernd mit dem verglichen werden, das Jesus Christus anbietet. Der Mensch kann den inneren Menschen nicht verwandeln, das kann nur Christus tun!

Preis sei dem wunderbaren Herrn Jesus. Er goß das Licht von Gottes Liebe über mich aus. Die Freude, mit Jesus zu leben, nimmt täglich zu.

Ich danke Ihnen, daß Sie mit uns für eine anhaltende Erweckung unter den Gefangenen beten sowie auch für die Glaubensstärkung der Neubekehrten ... Herzliche Grüße von den Brüdern in Jesus."

Dieser Bruder in Christus lobt und preist Gott in Verhältnissen, die die meisten von uns als düster und schwierig bezeichnen würden. Doch für ihn hat sich die Perspektive vollkommen gewandelt. Er kennt jetzt die Freude des Bleibens in Jesus Christus, und alles andere im Leben ist an zweite Stelle getreten. Er hat es gelernt: „Seid fröhlich allezeit, betet ohne Unterlaß, seid dankbar in allen Dingen; denn das ist der Wille Gottes in Christus Jesus an euch" (1. Thessalonicher 5, 16—18 — Luther-Übersetzung).

John Wesley schrieb in seinem Kommentar zu dieser Schriftstelle: *„Seid fröhlich allezeit* — bleibt in ununterbrochener Freude in Gott. *Betet ohne Unterlaß* — dies ist die Frucht des ständigen Sichfreuens im Herrn. *Seid dankbar in allen Dingen* — dies ist die Frucht der beiden vorangegangenen Gebote. Dies ist christliche Vollkommenheit. Weiter können wir nicht gehen; wir brauchen darin keinen Mangel zu leiden. Unser Herr hat uns Freude sowie auch Gerechtigkeit erkauft. Dies ist gerade der Zweck des Evangeliums, daß wir, errettet von unsrer Schuld, immer in der Liebe Christi glücklich sind. Danksagung ist von wahrhaftem Gebet nicht zu trennen, sie ist nahezu essentiell damit verbunden. Wer allezeit betet, der wird auch allezeit Lobpreis darbringen, ob in Freude oder Schmerz, ob in Reichtum oder größter Armut. Er lobt Gott für alle Dinge, betrachtet sie als von Gott kommend und nimmt sie nur um des Herrn willen an. Er wird weder auswählen noch ablehnen, wird weder das eine bevorzugen noch das andere abweisen, sondern nur immer das erwählen, was im Einklang mit Gottes vollkommenem Willen steht" (aus „Anmerkungen zum Neuen Testament").

In ununterbrochener Freude in Gott zu leben, jede Lebenslage als von Gott kommend anzunehmen und ihm dafür dankbar zu sein — das ist christliche Vollkommenheit.

Gottes Plan für unser Leben ist nie vom Zufall bestimmt. Nichts, rein gar nichts — mag es uns auch noch so seltsam, widersprüchlich oder schädlich erscheinen — geschieht ohne Gottes ausdrückliche Zustimmung.

Ein gutes Beispiel hierfür ist die recht beachtliche Lebensgeschichte einer Frau, die sie mir in einem Brief mitteilte.

Sie war mit nur einer Hand auf die Welt gekommen. Von der Zeit an, da sie alt genug war, um zu merken, daß sie anders war als andere Kinder, trug sie stets ein Tuch oder eine Stola über dem Armstumpf und verbarg so ihr Handikap vor den Blicken Neugieriger. Ihr mißratener Körper war ihr stets schmerzlich im Bewußtsein, und als sie dann zu einer jungen Frau herangewachsen war, begann sie zu trinken, um ihren inneren Schmerz zu betäuben.

Als sie mir den folgenden Brief schrieb, war sie bereits 65 Jahre alt.

„Vor sechs Monaten besuchte ich meine Schwester, und dort hörte ich eine Tonbandaufnahme von Ihnen, auf der Sie darüber sprachen, daß man Gott für jedes Problem und für jedes tragische Ereignis im Leben preisen solle. Während ich dieser Predigt zuhörte, war es mir, als würde mir jemand einen Schlag in die Magengegend versetzen. Mir wurde übel. Nach all den Jahren, in denen ich Gott für mein Mißgeschick verantwortlich gemacht hatte, war ich immer noch nicht bereit, ihm für dieses Los zu danken. Ich sagte: ‚Herr, verlange bloß das nicht von mir. Ich habe dir gedankt, daß du mich vom Alkohol freigemacht hast, aber für das andere kann ich dir beim besten Willen nicht dankbar sein.‘

Doch wie sehr ich mich auch anstrengte, ich konnte den Gedanken nicht loswerden, daß ich Gott für meine Lage danken sollte. Er verfolgte mich Tag und Nacht. Schließlich sagte ich: ‚Herr, warum läßt du mich nicht in Ruhe. Ich tue doch alles, was du von mir haben willst, aber das kannst du nicht von mir verlangen. Ich kann es einfach nicht.‘ Doch ich konnte keine Ruhe finden. Schließlich hörte ich mir das Tonband noch einmal an. Diesmal fiel mir etwas auf, was ich beim erstenmal überhört hatte. Sie sagten, als der junge Soldat und seine Frau es einfach nicht fertiggebracht hätten, Gott für das Schreckliche zu danken, das ihnen drohte, hätten sie schließlich doch *eingewilligt, es einmal zu versuchen*. Dann sei es auf einmal leicht gegangen. Zu diesem Zeitpunkt war ich dann so weit, daß ich willig war, alles zu versuchen, nur um meine innere Ruhe wieder zu bekommen. Ich sagte deshalb zu Gott, daß ich *willig* sei.

es zu versuchen, selbst wenn ich meinte, es nicht fertigzubringen. Sobald ich das gesagt hatte, war mir, als würde mir die Last vieler Jahre von den Schultern genommen. Ich fing an, den Herrn zu preisen, und die Tränen flossen reichlich. Es war buchstäblich so, wie es im Liede heißt: ‚Der Himmel zog ein, und Freude füllt mein Herz.' Mitten in dieser großen Freude sprach der Herr zu mir und sagte: ‚Einen Augenblick, ich bin noch nicht fertig mit dir.' Ich richtete mich auf. Was konnte er denn jetzt wohl noch von mir fordern? Ich hatte doch soeben das größte Opfer meines Lebens gebracht und Gott für meine Mißgestaltung, die ich mein Leben lang gehaßt hatte, gedankt. Doch ganz klar formten sich in meinen Gedanken die Worte: ‚Du sollst von jetzt ab kein Tuch und keine Stola mehr über dem Stumpf deiner Hand tragen!'

In mir krampfte sich alles zusammen. ‚Nein, Herr', murmelte ich. ‚Das geht zu weit. Verlange bloß das nicht von mir.'

‚Solange du deinen Geburtsfehler verbergen willst, bist du nicht richtig dankbar dafür. Du schämst dich noch darüber', kam der sanfte Tadel. Unter Tränen gab ich nach.

‚Ich bin willig, es zu versuchen', versprach ich. ‚Aber du mußt mir dazu die Kraft geben.'

Als ich das nächste Mal das Haus verließ, um einen Termin wahrzunehmen, griff ich beim Ankleiden automatisch nach meiner Stola. Sofort kam die warnende Stimme. ‚Nein, nein!'

Ich sagte: ‚Gut, Herr, ich gehe ohne das Tuch aus dem Haus, aber ich kann nicht versprechen, daß ich nicht zurückkomme und es noch hole.'

„Zum erstenmal in meinem Leben trat ich ohne die schützende Hülle aus dem Haus. Als ich die Tür hinter mir geschlossen hatte, waren mit einem Mal alle Verlegenheit, alle Scham und jedes Schuldgefühl wie weggeblasen! Zum erstenmal in meinem Leben wußte ich, was es heißt, ganz frei zu sein. Ich wußte jetzt, daß Gott mich so liebte, wie ich war. Preis sei dem Herrn!"

Gott läßt jedes Ereignis in unserem Leben aus einem triftigen Grund zu. Durch dieses bestimmte Ereignis will er uns nämlich in seinen vollkommenen, liebevollen Plan für unser Leben hineinbringen. Gott ließ es zu, daß diese Frau ohne Hand zur Welt kam, weil er sie liebt. Gott erlaubte Satan, Hiob zu belästigen, weil er Hiob liebte. Gott ließ es zu, daß sein Sohn ans Kreuz genagelt wurde, weil er seinen Sohn liebte, und weil er auch uns liebte. Gott ließ es zu, daß die finsteren, bösen Mächte in dieser Welt einen *scheinbaren* Sieg davontrugen; doch in all dem führte Gott seinen vollkommenen Plan zur Errettung der Welt hinaus.

Keiner wußte dies besser als Jesus selbst. Mancher Leser hat mir schon geschrieben, Jesus habe am Kreuz geklagt, als er ausrief: „Mein Gott, mein Gott, warum hast du mich verlassen?“

Doch das stünde im krassen Gegensatz zu allem anderen, was Jesus über seine Kreuzigung sagte und wie er im Zusammenhang mit seinem Kreuzestod handelte.

Kein anderer kannte alle Einzelheiten von Gottes Plan zur Errettung der Welt besser als Jesus. Er hatte seine Jünger oft auf die bevorstehende Kreuzigung und die Auferstehung hingewiesen und hatte Schriftstellen aus den Psalmen und den Propheten zitiert, die seinen Opfertod am Kreuz voraussagten. Jesus gebot seinen Jüngern sogar, sich über dieses Ereignis zu freuen.

„Ihr habt gehört, wie ich zu euch sagte“, sprach er, „ich verlasse euch und werde wieder zu euch kommen. Wenn ihr mich liebtet, würdet ihr euch freuen, daß ich zum Vater gehe; denn er ist mächtiger als ich“ (Johannes 14, 28).

Er sagte ihnen ferner, daß ihm ohne Gottes Zustimmung niemand das Leben nehmen könne.

„Der Vater liebt mich, weil ich bereit bin, mein Leben zu opfern, um es aufs neue zu erhalten. Niemand kann mir das Leben nehmen. Ich gebe es aus freiem Entschluß. Ich habe das Recht dazu und auch das Recht, es wieder an mich zu nehmen. So handle ich im Auftrag meines Vaters“ (Johannes 10, 17—18).

Die Jünger wußten zwar die Wahrheit, doch als dann die Anfechtungen kamen, reagierten sie auf den scheinbaren Sieg des Bösen, indem sie Jesus zu Hilfe eilten und ihn gegen die Soldaten verteidigten, die ihn gefangennehmen wollten.

Jesus hielt sie zurück. „Steck dein Schwert ein“, sprach er. „Weißt du nicht, daß ich nur meinen Vater um Hilfe zu bitten brauche, und er wird mir sofort mehr als zwölf Engelheere schicken? Aber wie soll sich dann erfüllen, was in den heiligen Schriften vorausgesagt ist? Es muß doch so kommen!“ (Matthäus 26, 52—54).

Jesus wußte, daß sich Gottes Wort, daß sich die Schrift erfüllen mußte. Nicht ein einziges Ereignis oder ein Handeln unsererseits kann letztlich die Erfüllung von Gottes Wort aufhalten. Jesus selbst war dem Wort untertan, obwohl er selbst das fleischgewordene Wort war.

Die Juden, die dort an seinem Kreuz standen, kannten die alttestamentlichen Schriftstellen, die die Kreuzigung ihres kommenden Messias' voraussagten, sehr wohl.

Die Worte, die Jesus ausrief: „Mein Gott, mein Gott, warum hast du mich verlassen?" waren ja die einleitenden Worte des bekannten Psalms 22.

Jesu Leiden am Kreuz war sehr real. Die Nägel, die seine Hände durchbohrten, verursachten ihm die gleichen Schmerzen, die sie uns verursachen würden, wenn wir dort hängen müßten. Doch Jesus wußte, daß sein Leiden kein Sieg Satans und der Mächte der Finsternis war, sondern in Gottes Plan hineingehörte. Jesus pries Gott *für* das Leiden, weil er wußte, daß dadurch der endgültige Sieg über das Böse in der Welt errungen würde.

„Mein Gott, mein Gott, warum hast du mich verlassen?" rief Jesus aus, und dann fährt der Psalmist fort: „Ich schreie, aber meine Hilfe ist ferne ... Du aber bist heilig, der du thronst über den Lobgesängen Israels. Unsere Väter hofften auf dich, und da sie hofften ... wurden sie errettet ... Ich aber bin ... ein Spott der Leute und verachtet vom Volke. Alle, die mich sehen, verspotten mich, sperren das Maul auf und schütteln den Kopf: ‚Er klage es dem Herrn, der helfe ihm heraus und rette ihn, hat er Gefallen an ihm.' ... Gewaltige Stiere haben mich umgeben, mächtige Büffel haben mich umringt. Ihren Rachen sperren sie gegen mich auf wie ein brüllender und reißender Löwe. Ich bin ausgeschüttet wie Wasser, alle meine Knochen haben sich voneinander gelöst; mein Herz ist in meinem Leibe wie zerschmolzenes Wachs. Meine Kräfte sind vertrocknet wie eine Scherbe, und meine Zunge klebt mir am Gaumen, und du legst mich in des Todes Staub. Denn Hunde haben mich umgeben, und der Bösen Rotte hat mich umringt; sie haben meine Hände und Füße durchgraben. Ich kann alle meine Knochen zählen; sie aber schauen zu und sehen auf mich herab. Sie teilen meine Kleider unter sich und werfen das Los um mein Gewand. Aber du, Herr, sei nicht ferne; meine Stärke, eile, mir zu helfen! ... Ich will deinen Namen kundtun meinen Brüdern, ich will dich in der Gemeinde rühmen: Rühmet den Herrn, die ihr ihn fürchtet; ehret ihn, ihr alle vom Hause Jakob, und vor ihm scheuet euch, ihr alle vom Hause Israel. Denn er hat nicht verachtet noch verschmäht das Elend des Armen und sein Antlitz vor ihm nicht verborgen; und als er zu ihm schrie, hörte er's. Dich will ich preisen in der großen Gemeinde, ich will meine Gelübde erfüllen vor denen, die ihn fürchten.

Die Elenden sollen essen, daß sie satt werden; und die nach dem Herrn fragen, werden ihn preisen; euer Herz soll ewiglich leben. Es werden gedenken und sich zum Herrn bekehren aller Welt Enden und vor ihm anbeten alle Geschlechter der Heiden. Denn des Herrn ist das Reich, und er herrscht unter den Heiden. Ihn allein werden anbeten alle, die in der Erde schlafen; vor ihm werden die Knie beugen alle, die zum Staub hinabfuhren und ihr Leben nicht konnten erhalten. Er wird Nachkommen haben, die ihm dienen; vom Herrn wird man verkündigen Kind und Kindeskind. Sie werden kommen und seine Gerechtigkeit predigen dem Volk, das geboren wird. Denn er hat's getan."

In der Schlachter-Übersetzung heißt dieser letzte Satz: „... daß er es vollbracht hat" — ein Hinweis auf die letzten Worte Jesu am Kreuz, ehe er seinen Geist aufgab und verschied (Johannes 19, 30).

Jesus nahm oft Bezug auf den Propheten Jesaja, der mit erstaunlicher Genauigkeit sein Leben, seinen Tod und seine künftige Herrschaft vorausgesagt hatte.

„Aber er ist um *unsrer* Missetat willen verwundet und um *unserer* Sünde willen zerschlagen. Die Strafe liegt auf ihm, auf daß wir Frieden hätten, und durch seine Wunden sind wir geheilt. Wir gingen alle in der Irre wie Schafe, ein jeder sah auf seinen Weg. Aber der Herr warf unser aller Sünde auf ihn. Als er gemartert war, litt er doch willig und tat seinen Mund nicht auf wie ein Lamm, das zur Schlachtbank geführt wird; und wie ein Schaf, das verstummt vor seinem Scherer, tat er seinen Mund nicht auf. Er ist aus Angst und Gericht hinweggenommen. Wer aber kann sein Geschick ermessen? Denn er ist aus dem Lande der Lebendigen weggerissen, da er für die Missetat meines Volks geplagt war. Und man gab ihm sein Grab bei Gottlosen und bei Übeltätern, als er gestorben war, wiewohl er niemand Unrecht getan hat und kein Betrug in seinem Munde gewesen ist.

So wollte ihn der Herr zerschlagen mit Krankheit. Wenn er sein Leben zum Schuldopfer gegeben hat, wird er Nachkommen haben und in die Länge leben, und des Herrn Plan wird durch seine Hand gelingen. Weil seine Seele sich abgemüht hat, wird er das Licht schauen und die Fülle haben. Und durch seine Erkenntnisse wird er, mein Knecht, der Gerechte, den Vielen Gerechtigkeit schaffen; denn er trägt ihre Sünden. Darum will ich ihm die Vielen zur Beute geben, und er soll die Starken zum Raube haben, dafür daß er sein Leben in den Tod gegeben hat und den Übeltätern gleichgerechnet ist und er die Sünde der Vielen getragen hat und für die Übeltäter gebeten" (Jesaja 53, 5—12).

Jesus wußte, daß durch seinen Kreuzestod Gottes Plan nicht durchkreuzt wurde, sondern vielmehr erst seine Erfüllung fand. Die Jünger verstanden dies jedoch nicht. Für sie war die Kreuzigung Jesu das Ende all ihrer Hoffnungen und Zukunftsträume. Sie dachten nicht mehr an die Worte Jesu, die er ihnen gesagt hatte: „Jetzt seid ihr traurig. Aber ich werde euch wiedersehen. Dann wird euer Herz voll Freude sein, und diese Freude kann euch niemand nehmen" (Johannes 16, 22).

Sie rechneten nicht damit, daß sie Jesus wiedersehen würden, und als man ihnen sagte, daß er nicht mehr im Grab liege, dachten sie, sein Leichnam sei gestohlen worden.

Später an jenem Tag zogen zwei seiner Jünger auf der Straße, die von Jerusalem nach Emmaus führte, ihres Weges. Sie unterhielten sich über den Tod Jesu, als plötzlich Jesus selbst kam und sich zu ihnen gesellte. Doch sie erkannten ihn nicht.

Er blickte in ihre traurigen Gesichter und fragte: „Worüber redet ihr denn so eifrig unterwegs?"

„Du bist wohl der einzige in Jerusalem, der nicht weiß, was dort in den letzten Tagen geschehen ist?" erwiderte einer von ihnen mit Namen Kleopas.

Jesus hörte ihnen zu, während sie ihm mit traurigem Blick von dem wunderbaren Jesus von Nazareth erzählten, der so große Wunder vollbracht habe, der ganz sicher der Messias und dazu gekommen sei, um Israel zu befreien, aber den die religiösen Führer der römischen Regierung zur Kreuzigung übergeben hätten.

In ihren Worten brachten die Männer zum Ausdruck, daß sie soeben Zeugen der größten Tragödie, die die Welt je erlebt habe, geworden seien. Zu alledem, so sagten sie, sei jetzt auch noch der Leichnam Jesu aus dem Grab verschwunden, und einige Frauen hätten erzählt, es seien ihnen Engel erschienen, die ihnen gesagt hätten, daß Jesus lebe. Die Männer schienen aber der festen Überzeugung, daß diese letztere Nachricht völlig aus der Luft gegriffen sei.

„Da sagte Jesus zu ihnen: ‚Was seid ihr doch blind! Wie schwer tut ihr euch zu glauben, was die Propheten vorausgesagt haben! Der versprochene Retter mußte doch erst dies alles erleiden, um zu seiner Herrlichkeit zu gelangen!'

Und Jesus erklärte ihnen die Worte, die sich auf ihn bezogen, von den Büchern des Mose und der Propheten an durch alle heiligen Schriften" (Lukas 24, 25—27).

Inzwischen waren sie in Emmaus angekommen, und da es schon Abend wurde, baten die beiden Männer den Fremden, die Nacht in ihrem Haus zu verbringen. Erkannt hatten sie ihn immer noch nicht!

Jesus „folgte ihrer Einladung und blieb bei ihnen. Während des Abendessens nahm er das Brot und dankte Gott dafür, dann brach er es in Stücke und gab es ihnen. Da gingen ihnen die Augen auf, und sie erkannten Jesus" (Lukas 24, 29—31).

Endlich glaubten sie nun. Doch lange Zeit hatten sie nur die äußeren Umstände gesehen und waren in keiner Weise in der Lage gewesen, in all den Ereignissen Gottes Plan zu erkennen.

Die Jünger hatten es miterlebt, wie ihr Herr und Meister gekreuzigt worden war, was sie für einen offensichtlichen Sieg des Bösen über das Gute hielten; für sie war dies der Beweis, daß Gott nicht mehr mit ihnen war. Doch hätten sie dem Wort Gottes, das durch die Propheten geredet war, Glauben geschenkt, dann wären die gleichen Umstände für sie der Beweis gewesen, daß Gott doch mit ihnen war und seinen Plan zur Ausführung brachte.

Auch wir gleichen den Jüngern Jesu. Begegnen uns Kämpfe und Anfechtungen im Leben, dann ist unsere erste Reaktion: „O Gott, warum hast du mich verlassen?"

Doch Jesus sagte: „In der Welt habt ihr Trübsal; aber seid getrost, ich habe die Welt überwunden!" (Johannes 16, 33.)

Wenn wir in Wahrheit den Worten Jesu glauben würden, sähen wir unsere Verhältnisse als Beweis für die Gegenwart Gottes in unserem Leben und wir würden ihn dafür loben und preisen, anstatt darüber zu klagen und zu murren.

Wenn wir die Zustände in dieser Welt ansehen, dann schütteln wir den Kopf und sagen: „Da haben wir ja genügend Beweis dafür, daß Gott in unseren Tagen nicht viel unternimmt."

Doch Jesus sagte seinen Nachfolgern genau, was sie zu erwarten hatten: Kriege, Erdbeben, Hungersnöte, Unruhen, Epidemien, Umweltverschmutzung, sexuelle Revolution und noch vieles andere mehr — ein vollkommenes Bild von der Welt, in der wir leben und die Zusicherung, daß es noch schlimmer werden wird.

Jesus sagte: „Wenn ihr die ersten Anzeichen von alledem bemerkt, dann steht auf und faßt neuen Mut: bald werdet ihr gerettet!" (Lukas 21, 28.)

Wenn die Zustände in dieser Welt immer schlimmer werden, dann ist das kein Beweis dafür, daß Gott ferne ist oder sich nicht darum kümmert. Ganz im Gegenteil. Alle diese Zeichen sind der Beweis dafür, daß Gott sehr nahe ist und daß jeder Teil seines Plans und seiner Absichten genauso in Erfüllung geht, wie er es in seinem Wort verheißen hat.

Jesus hatte seine Jünger aufgefordert, sich mit ihm über seine Kreuzigung zu freuen. Hätten sie seinem Wort vertrauen können, dann hätten sie Freude anstatt Trauer erlebt. Gottes Wort fordert auch uns auf, in unseren Anfechtungen zu frohlocken.

Petrus schrieb: „... und nun glaubt ihr an ihn ... und freut euch mit unaussprechlicher und herrlicher Freude" (1. Petrus 1, 8 — Luther-Übersetzung).

Was wirst nun du glauben? Wirst du deine Straße ziehen wie jene beiden Männer nach Emmaus — traurig und nur mit den äußeren Umständen beschäftigt, überzeugt, daß Gott weit weg ist? Oder wirst du dir die Augen öffnen und ein dankbares Herz schenken lassen?

Ergreife das Brot, das Wort, das Leben, den Frieden, die Freude, die Jesus dir bietet. Erkenne, daß Jesus mit dir ist und daß Gott durch jeden einzelnen Umstand in deinem Leben wirkt, um dir in all deinen Nöten zu helfen.

Gerade das, was dir als schmerzlicher Beweis dafür erscheint, daß Gott nicht in deinem Leben ist, ist in der Tat das Werk seiner Liebe, die dich zu sich ziehen will, damit deine Freude völlig werde.

Schau auf zu ihm und preise ihn! Er liebt dich und thront über den Lobgesängen seines Volks!

FREUET EUCH DES HERRN, IHR GERECHTEN; DIE FROMMEN SOLLEN IHN RECHT PREISEN.

Danket dem Herrn mit Harfen; lobsinget ihm zum Psalter von zehn Saiten!

Singet ihm ein neues Lied; spielt schön auf den Saiten mit fröhlichem Schall!

Denn des Herrn Wort ist wahrhaftig, und was er zusagt, das hält er gewiß.

Er liebt Gerechtigkeit und Recht; die Erde ist voll der Güte des Herrn.

Der Himmel ist durch das Wort des Herrn gemacht und all sein Heer durch den Hauch seines Mundes.

Er hält die Wasser des Meeres zusammen wie in einem Schlauch und sammelt in Kammern die Fluten.

Alle Welt fürchte den Herrn, und vor ihm scheue sich alles, was auf dem Erdboden wohnet.

Denn wenn er spricht, so geschieht's; wenn er gebietet, so steht's da.

Der Herr macht zunichte der Heiden Rat und wehrt den Gedanken der Völker.

Aber der Ratschluß des Herrn bleibt ewiglich, seines Herzens Gedanken für und für.

Wohl dem Volk, dessen Gott der Herr ist, dem Volk, das er zum Erbe erwählt hat!

Der Herr schaut vom Himmel und sieht alle Menschenkinder.

Von seinem festen Thron sieht er auf alle, die auf Erden wohnen.

Er lenkt ihnen allen das Herz, er gibt acht auf alle ihre Werke.

Einem König hilft nicht seine große Macht; ein Held kann sich nicht retten durch seine große Kraft.

Rosse helfen auch nicht; da wäre man betrogen; und ihre große Stärke errettet nicht.

Siehe, des Herrn Auge achtet auf alle, die ihn fürchten, die auf seine Güte hoffen, daß er sie errette vom Tode und sie am Leben erhalte in Hungersnot.

Unsre Seele harrt auf den Herrn; er ist uns Hilfe und Schild.

Denn unser Herz freut sich seiner, und wir trauen auf seinen heiligen Namen.

Deine Güte, Herr, sei über uns, wie wir auf dich hoffen.